理想的教學點子 II

以幼兒興趣為中心作計畫

Michelle
Graves 著

楊淑朱
校閱主編

楊世華
譯

THE TEACHER'S 2 IDEA BOOK

Planning Around Children's Interests

Michelle Graves

◉ 作者簡介

Michelle Graves 是一位作家，同時也是高瞻教育研究基金會的教育諮詢員。她曾為許多不同教育課程（包括：提前開始教育、其他學前教育課程、托育課程和特殊教育課程）中的教師、教師訓練者和教育行政人員設計及主持訓練工作坊以及長期訓練計畫。另外，她也是前一本《理想的教學點子 I》的作者，以及錄影帶「支持幼兒的主動式學習：各種不同環境和小組時間的教學策略」（Supporting Children's Active Learning: Teaching Strategies for Diverse Settings and the Small-Group Times）劇本的作者和共同製作人之一，上述的作品均由高瞻出版社出品。之前，Graves 是密西根州安哈柏市退伍軍人行政醫療中心員工附屬幼兒園的主任，服務的對象是從六週到五歲大的幼兒。此外，她也有相當多的幼兒教學經驗。除了高瞻的示範幼兒園之外，她也曾在公私立托育中心特殊教育機構任教。

◎校閱主編簡介

楊淑朱

現職	國立嘉義大學幼教系教授兼系主任
學歷	美國德州大學奧斯汀校區幼兒教育博士
經歷	國立嘉義師範學院幼教中心主任
	私立幼稚園教師、主任
	嘉雲地區幼稚園評鑑委員
	嘉義市托兒所考核委員
	保姆丙級證照監評委員

◎譯者簡介

楊世華

　　目前在美國堪薩斯大學特教系攻讀幼兒特教博士學位。擁有美國南密西西比大學家庭生活學系幼兒發展組碩士學位。曾任資和幼稚園主任及資和托兒所教學組長。曾參與另一本由高瞻教育研究基金會出版的《幼教課程教學實務》（Educating Young Children：Active Learning Practices for Preschool and Child Care Programs by Mary Hohmann and David Weikart）之中文翻譯工作。

◉ 作者序

　　這本書是由我在密西根州（Michigan）亞伯斯蘭堤市（Ypsilanti）高瞻示範教學的幼兒園與幼兒一起工作的經驗中所發展出來的。在有了十二年的教師訓練者和托育中心行政管理者的經歷之後，再重新地以一位老師的身份來直接和幼兒互動，我想我能以獨特的觀點來和那些正在找尋方法好讓自己的教學更能回應幼兒興趣的老師們分享。當我在三年前重新回到示範幼兒園的教學崗位時，我為自己需要每日為幼兒提供正向的學習環境而感到興奮和焦慮。了解到從我離開教學崗位之後，高瞻教學法增加了許多東西，更加強了我上述的感覺。既然從未對這些新的要素有實際的運用經驗，我就像一位新老師第一天到學校一樣的，對教學崗位充滿了緊張。

　　高瞻教學法所增加的一個新的方向是，強調計畫和教學都要以幼兒的興趣為中心。過去這幾年來我將這個新觀點運用在教學裡，使我深深地相信，幼兒的興趣真的是教學點子的豐富資源。當我們將幼兒的興趣運用在每日例行的作息裡，幼兒就更熱中和投入了，而他們的學習機會也因此增加了。本書中我分享了一些實際參與教室內的經驗，以及我逐漸能掌握和觀察到幼兒在對話和遊戲中所表達出的興趣。我運用這些經驗來說明，當成人決定去施行一個以幼兒取向的計畫過程時，這些令人興奮的事情就會發生！我希望本書能對那些努力想了解、詮釋高瞻教學法，並且想將其實施在他們的教育環境中者有所幫助。

　　寫這本書時，有很多人鼓勵和支持我。Mark Tompkins 藉著鼓勵我弄清楚到底什麼是「以幼兒興趣為中心作計畫」，激勵了我開始寫作。藉著 Mary Hohmann、Lynn Taylor 和 Philip Hawkins 所提供關

於資料統整和書的發展型式的建議，幫助了我渡過早期的寫作階段。當本書仍在初稿的階段，David Weikart、Mary Hohmann和Linda Weikel提供了許多非常珍貴的意見來幫助我改善和豐富此書的內容。我要特別感謝我的編輯 Nancy Brickman，她對本書內容的了解以及轉述文句卻仍能保留原意的本領都在書中一一展現。另外，我也要感謝那些曾在不同時期和我一起任教的老師們，Barbara Carmody、Carol Beardmore、Julie Austin 和 Sam Hannibal，他們在我們每日教學計畫會議中提供了許多的教學想法。

　　最後，我要感謝我先生——Keith，和我們學齡前的孩子——Christopher 和 Joshua，他們勇於嘗試的意識和精神，深深地使我了解到將幼兒的興趣和想法融入教學過程的好處。

M.G.

◎校閱主編序

國立嘉義大學幼教系教授兼系主任　楊淑朱

　　目前台灣幼兒教育之教學模式可謂是五花八門，有蒙特梭利教學、皮亞傑課程、福祿貝爾教學、方案課程、開放式課程、主題教學、主動式教學、綜合教學課程及傳統教學課程等。各個課程有其不同的教學目的、方法及師資訓練，但其共通點即在於相信所實施的課程是最適合幼兒自然發展的教育課程。這些不同課程的出現，顯示出很多學者專家及幼兒園（所）業者對幼兒教育課題十分重視，但值得擔憂的是到底哪一種學前教育課程是順應及強調幼兒的適性發展呢？

　　筆者曾受過美國高瞻（High / Scope）教育課程的完整訓練，深感此課程所強調的「主動式學習」教學模式十分重視幼兒的適性發展，很適合國內各類型學前教育機構採用及供學者專家參考，為此也特地與心理出版社的總經理許麗玉小姐商量引介一系列高瞻教育研究中心所出版的暢銷書籍與國內幼教界分享。許總經理也深切感受到為國內引進一些對幼教界有啟發作用的書籍有其必要性及迫切性，因此也待民國 87 年 5 月美國高瞻教育研究基金會總裁 David Weikart 博士來台為「1998 幼兒教育學術研討會」作專題演講的機會，與他會面，並商討出版事誼，如此積極為幼教界努力爭取及盡心盡力的精神實令人感動。

　　美國 High / Scope 高瞻課程系列書籍所含蓋的內涵包括平時幼教師準備教學時的計畫策略及點子，教學中可能遭遇到的任何困境及可使用的解決問題點子，設計教學內容時應著重的幼兒重要經驗（key experience）之分析與陳述，及如何學習觀察幼兒及作記錄，

與學習有效的使用「幼兒觀察記錄表」等。最特別的是此系列也包含一本有關幼兒動作發展的珍藏版，筆者在看完此書之後，深深感受到此書對幼教師及國小一、二年級教師在教授動作發展及體能遊戲時除給予正確的引導方式外，對教師在口語指導、動作示範及手觸指導時常出現的錯誤觀念及認知也做了詳盡的導正說明，同時此書也提出十分受用的動作活動範例供現場幼教工作者參考，實爲幼教師帶來許多新知，爲一不可或缺的重要參考資源。

筆者在此舉一實例來說明幼教師在教導幼兒動作活動或體能遊戲時常犯的錯誤，也是此書提出來導正觀念的例子。一般幼兒園（所）教師在訓練幼兒動作活動時常會強調「左、右腳」或「左、右邊」或「左、右手」的指令，造成幼兒跟隨動作時不知所措，使幼兒產生慣用常使用的一邊（一手或一腳），而忽略「另一邊」的使用。此書一再強調的理念是「左、右」概念介紹的最適當時期是國小二年級，而在幼兒階段應強調的是「一隻腳、另一隻腳」或「一邊先開始，再換另一邊」，以鼓勵幼兒自如地使用身體雙側來作活動。

另外，《鼓勵幼兒學習》此本好書的引進，使此系列叢書更具實用性、可用性及完整性。此書內容除了介紹高瞻主動式教學之五大要素外，尚包含幼教師與幼兒互動的珍貴經驗，及教師們彼此藉《Extension》期刊及參加工作坊的研習機會互相交流的心得，讓讀者不僅能分享豐富的實務教學體驗，也對所闡述的主動式教學模式的理念有進一步的了解。此書有很多可以吸取的生活經驗值得所有關心幼兒的人士參考及擁有。

筆者期許這一系列 High / Scope 叢書的出版能幫助國內幼教實務工作者對幼兒教育有嶄新的看法，對自己的教學方法能有所精進，進而在每日教育幼兒的過程中能更滿足、更勝任、更快樂；同時也慶幸此系列叢書結合理論與實務，並強調教學點子及經驗傳承的啓發及應用，除了能裨益幼教界外，對幼兒的父母、相關的專業

人員及所有關心幼教的社會大眾也頗有助益。筆者期望未來幼教品質的提升除了有賴國內幼教界大家共同努力外，也能因出版更多有益於幼教的相關參考書籍而有嶄新的風貌，為我們未來的主人翁開闢美好的人生。

◎譯者序

　　首次接觸此書是我還在幼兒園工作時，作者流暢的筆觸，及其以幼兒興趣為中心的教學和尊重幼兒的態度讓我留下深刻的印象。如同作者所言，幼兒的興趣是教學點子的資源寶庫。一旦我們將幼兒的興趣融入教學或互動之中，我們不僅創造更多的學習契機，更重要的是，幼兒們將成為主動的探索、學習者。

　　不論您是教師或是家長，也不論您是使用何種教學法，只要您有機會和幼兒們一起玩耍，您都可將本書的點子和態度應用到您與孩子們的互動之中。在各章之中，作者都以詳細而實際的例子來帶領讀者去觀察及了解幼兒的行為和興趣。此外，作者也以實際的課程範例來讓讀者了解到如何以幼兒的興趣來設計課程，以及如何以正向的態度來與幼兒互動。如同作者所指出，本書並不是教學食譜；如果您能將本書的內容在消化吸收之後融入您的教學或是與孩子的互動中，我想，不論是您或是在您身邊的孩子們都將是最大的受益者。

　　在此，我要感謝心理出版社讓我有機會將本書譯為中文，也感謝嘉義大學楊淑朱老師的費心校閱以及陳文玲編輯在這一路翻譯過程中所給予的諸多幫忙和校對。

楊世華

民國八十九年五月

於美國，羅倫思市

◎目錄

緒論

學習如何以幼兒興趣為中心作計畫和教學是本書的重點。這種在幼兒園中以幼兒為導向的計畫過程，是根據高瞻主動式學習法所設計出來的。如果你還不是很了解這個教學法的基本原則，我們建議你在看本章之前先參閱一下本書第7-18頁對高瞻教學架構所做的摘要。

　　高瞻教學法和其他一般常見的教學法在課程設計上有很大的不同，其最大的不同即在於對幼兒教育課程每日內容的計畫。許多的幼兒園中，教師們以週或月為單元，用幼兒喜歡的主題，如：「恐龍」或是「社區中的幫手」作為發展方向來統整他們的課程。另有些幼兒園的教師們則以幼兒的發展架構作為課程計畫的基準，他們將教學單元專注在某些特定的能力範疇，例如：認字或是數的概念等。

　　相對的，高瞻教學法的**計畫開始於對幼兒特定的觀察**，而不是進行一組教師所預定的主題。教師每天都觀察幼兒，看看他們選擇哪些活動或是材料，如何使用這些材料，以及如何和同伴及成人互動。同時，教師也將他們的觀察以簡要的軼事記錄方式寫下來。稍後，教師會聚在一起，根據他們今天的觀察和高瞻教學法的架構來計畫次日的課程。

　　高瞻教學法的教師在執行這樣的教學計畫過程時會將許多的因素列入考慮。其中之一就是會考慮環境的因素：如何能為幼兒提供可以玩填滿和倒空、弄得亂七八糟、建構、假裝，以及有安靜時刻的空間和材料，因為這些都是幼兒會喜歡且需要的學習活動。當教師在計畫時，他們也會檢視一些其所觀察到的特別遊戲事件，然後再設計一些新的經驗來擴展幼兒在這些事件中所表現出的想法和興趣。教師也會考慮班上每位幼兒的人格特質，並且以幼兒的發展架構來詮釋這些特質。最後，教師會以全班為整體來考量，如何能將每位幼兒的想法和行動擴展為整體的學習。

✚ 在高瞻教學法中，教學計畫開始於教師對幼兒特殊興趣的觀察。有一天唐納德用紙捲軸和網球自創了個遊戲。唐納德的教師觀察到了之後，在隔天的計畫時間裡，教師用相似的材料創造了一個類似的遊戲。在這個遊戲裡，每位幼兒在描述他們的計畫之後，用紙捲軸把小球丟入那個代表他們要去玩的學習區的碗裡。（在每個碗裡有張紙，紙上有代表著該學習區的記號）

　　經過這種過程所產生的日常計畫是複雜的、獨特的，並且經常產生源源不絕的教學點子。雖然發展出這樣個別化的教學計畫會比九月的時候教幼兒「社區中的幫手」，四月的時候教幼兒「春天」還來得困難，但是高瞻教學法的教育者發現，他們所投入的時間和

精力都得到了充分的回饋。當成人以班上幼兒的想法和興趣為中心作計畫時，成人創造了無數的「學習契機」——在這些學習機會裡，幼兒對新的資訊有了最好的內化效果，並且也能將其與過去的經驗做最好的連結。另外，當教師是以幼兒的行動和選擇做為教學計畫的基礎時，他們讓幼兒覺得自己是有能力的人，並且能夠對自己的學習環境有所掌控。簡言之，藉著將幼兒的興趣融入教學中，成人讓幼兒知道他們的行動是有價值的，而且別人會尊重和回應他們的能力和想法。

本書是如何編排的

接下來的每一章，都依照一種我們常在幼兒身上會看到的遊戲經驗來編排（例如：美勞、填滿和倒空，或者是角色扮演）。因為在本書中所描述的教學計畫是以觀察幼兒的活動作為發展的精髓，所以我們將採取案例導向來編排本書。每章的開頭，我都會先陳述幾個幼兒在高瞻教學法的情境下真實的遊戲經驗，然後再描述教師是如何基於他們所觀察到的事件來開展他們的思考過程。每章的後半段，我將描述教師用來支持幼兒興趣的特別教學策略和經驗，以及在執行這些教學計畫後所出現的一些遊戲活動。

每一章裡都會包括以下這些部分：

- **一般的教學和互動策略**。每章的一般性主題討論教學計畫和教學點子，以及在該章開頭的遊戲情節中陳述幼兒的特殊興趣。所謂的互動策略，包括可用語言及非語言來和幼兒溝通的有用技巧，都將在此部分加以強調。
- **增加室內和戶外的材料**。本部分所列的是在教室內或戶外可能增加的材料，以擴展幼兒在遊戲行為中所表現出的某些特別的興趣。這些建議的材料可包括提供一些衣服或道具，使幼兒在裝扮

遊戲中增加真實性；關於某些特定主題的書或是電腦軟體；能代表一個受到歡迎的遊戲主題或人物的材料，或是一些原本受到幼兒喜歡的材料變化後的新材料。

- 計畫和回想的經驗。這是一些像遊戲一樣的方式，可以在計畫或是回想時間用來抓住幼兒的注意力及引導每位幼兒談談他們的計畫或經驗。在這部分所提到的每一個方法都是由之前所提到的遊戲經驗或材料所發展出來的。大部分方法在經過稍微的修正之後，都可在計畫或是回想時間裡使用。

- 小組經驗。這一部分所建議的活動，是為了讓一位成人和五到十位幼兒在小組時間裡可以一起玩而設計的。這些活動將重點放在每章開頭所舉的遊戲例子中，相關的材料和過程上。部分的活動在提供機會將一位幼兒的想法介紹給小組內其他的幼兒；有些小組經驗，則提供機會讓幼兒嘗試將他們所特別喜歡的活動加以變化。我們也建議你利用小組活動的時間做戶外教學。雖然一般的戶外教學常是以全班為整體來做安排，我們也嘗試將幼兒以小組的方式來進行戶外教學，藉此鼓勵幼兒的主動參與和滿足幼兒得到成人支持的需求。

- 大團體經驗。這部分包括全班的動作經驗、歌唱和遊戲的點子。通常在這個時段所設計的活動會為幼兒提供機會，運用動作或音樂來重新點燃某一個喜歡的遊戲興趣或是活動。

- 幼兒觀察。這是一些教師就該章所描述的學習經驗所記下之軼事記錄的例子。教師的觀察記錄在每一章中會出現兩次。第一次會出現在該章的前半部，且會和每章開頭所舉的遊戲例子有關；另一次會出現在接近該章結尾的部分，並且會記下在教師嘗試了該章所描述的教學方法之後，幼兒會出現哪些行為。觀察記錄以兩種方式呈現：有些記錄是以高瞻教學法的重要經驗（key experiences）來分類記錄，其他的，則是依高瞻的幼兒觀察記錄（Child Observation Record，COR）來記錄。在本書中我們交互的使用這

兩種課程工具。這樣做的原因，是希望能讓教師了解到，既然這兩項課程工具都提供了發展上的訊息，可供用來設計一些額外的活動，那麼這兩項課程工具就都可用來作為幼兒發展上的參考。

• 成人的訓練活動。最後一部分呈現成人的訓練經驗，這些經驗讓教師練習應用一些該章所提到的教學策略。這些活動可讓教師獨自進行、和搭檔一起進行，或是透過工作坊或在職訓練等方式，以團體的形式來進行。各種不同形式的活動都將在此部分提到。

 # 高瞻教學架構的摘要

　　本書中所描述的計畫和教學過程都發生在高瞻教學法的學習環境之中。在這樣的環境中，成人和幼兒共享活動的主控權，而且成人肯定並且接受每位幼兒所擁有的學習能力。當他們和幼兒一起玩時，以高瞻教學法為出發點的成人都受到幼兒發展架構的指引。在這樣的架構之下，幼兒的興趣就被視為基本社會、體能和認知能力發展的工具。

　　高瞻教學法的中心原則和指導要點，摘要在下頁的「學習輪」中。（每一個要項的詳細闡述請參考高瞻出版社在 1995 年出版，Mary Hohmann 和 David Weikart 合著的 *Educating Young Children：Active Learning Practices for Preschool and Child Care Programs*）。圓輪中的每一個要素也將在以下的部分加以討論。

主動式學習

　　主動式學習被放在學習輪中央的位置，意謂著它在高瞻教學法中的中心地位。高瞻的教育者都被以下這個信念所引導：幼兒最好的學習狀況是當他們和人、材料、事件和想法作直接互動時。經由投入和回想這些直接的經驗，幼兒開始建構知識以及認識他們周遭

的世界。這樣的行動和思考的過程，我們稱之爲**主動式學習**。

□高瞻學前教育 「學習輪」

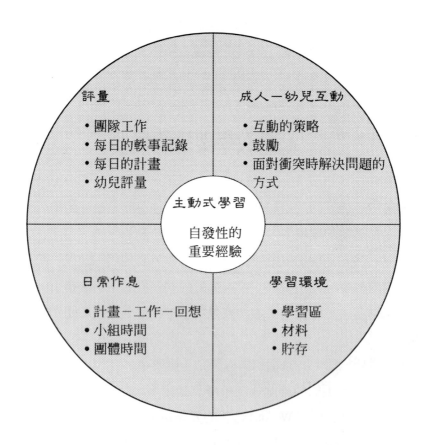

所有主動式學習的經驗都包含了「**幼兒的選擇**」這個中心要素。在高瞻教學法中的成人，努力地去了解和提升那些經由幼兒的選擇所表達出的興趣和想法。成人也鼓勵幼兒依他們自己的興趣和想法去做事，因此在高瞻環境中，幼兒探索、問和回答問題、解決問題以達成他們的目的，並著手試試看一些新的想法。當幼兒在高瞻這樣充滿支持性的環境中去執行他們自己的想法和興趣時，很自然地就經歷了重要經驗的學習──所謂「**重要經驗**」（key experiences）就是在十個主要發展領域中一些重要的學習活動。（高瞻學前教育的重要經驗詳列於本書第16-18頁。）

　　成人在看過本書所描述的以幼兒為取向的計畫過程之後，他們常會用高瞻的主動式學習哲學和重要經驗的架構，來引導他們如何以幼兒的興趣發展教學計畫。

✠ 讓幼兒有機會做決定是高瞻教學法的一個重要要素。在這裡，史帝芬進行他的計畫，用網球和線做了個釣魚竿，然後，他要釣些魚來當「晚餐的菜餚」

成人和幼兒間的互動

　　成人如何觀看、傾聽、和幼兒談話，以及成人回應和參與幼兒遊戲的方式，都會影響幼兒在執行他們自己想法時的舒適感。在高瞻教學法中，成人藉著把重點放在幼兒個別的特長上，並且在衝突發生時採用解決問題的方法來增加與幼兒間的**正向溝通和互動**。本書有許多幼兒在「實際生活中」具有不同特長的例子：例如，有些

幼兒比較善於用語言來溝通他們的需求；有些幼兒則比較具有同情心，比較會去支持他人；而有些幼兒則在藝術及建構材料上具有創造力。我們用這些例子來說明，成人如何用發展上的觀點來辨識幼兒的特長，並且藉著像玩伴一樣地參與幼兒的遊戲，或者是成爲幼兒擴展想法的資源來支持他們更進一步的發展。除了這些成人和幼兒互動的正向例子外，本書也在每一章的「一般的教學和互動策略」中提供一些創造正向互動的準則。

學習環境

設計一個支持主動式學習的物理環境是高瞻架構中另一項主要要素。高瞻主動式學習的環境，依著特別種類的遊戲而畫分成不同的**興趣區**，例如：家庭區、藝術區（美勞區）、積木區、小型玩具區、圖書區、電腦區，和玩沙區。室內的遊戲區以及戶外的遊戲空間都貯存了各式各樣不同的材料。這些材料包括了日常生活中的物品；自然及易得的材料；美勞材料及其他開放性的材料；各種工具；一些容易弄髒弄亂的材料；重的、大的材料；和小的、容易操弄的材料。選擇適當、能夠支持幼兒繼續他們興趣的材料，是高瞻課程的重要目標之一。在每一章「增加室內和戶外的材料」的部分，描述了這群教學成員根據幼兒的行爲觀察所做的決定。

日常作息

在高瞻教學法中，由幼兒或教師所引發的活動將維持在一個平衡點，並且在每日的事件中提供變化和架構以建立一個具有一致性的日常作息。日常作息包括了計畫－工作－回想（plan-work-recall）的順序、小組時間（small-group time）、大團體時間（large-group time）、戶外活動時間、活動轉換時間，以及在有需要的情況下加入吃東西和休息的時間。

高瞻的日常作息中，**計畫－工作－回想**佔了相當長的一段時

間。在計畫的部分，幼兒決定他們將在工作的時段裡做些什麼，並且和一位成人及一小群幼兒分享他們的計畫；接下來，在工作時間，幼兒在學習區自由地行動以完成他們剛剛在計畫時間所作的計畫，並開始其他的計畫；回想時間裡，幼兒回到他們剛剛作計畫的那個小組中，討論和回想他們在工作的時間裡做了些什麼。你將可在每一章特定的部分找到可以用在計畫和回想時段的教學點子。至於用在工作時間的方法，請你參考 「一般的教學和互動策略」 部分。

　　小組時間是高瞻日常作息另一個主要的要素。小組時間是由成人引發的活動：意指這些活動是由成人計畫和展開的。成人基於對幼兒的觀察來選擇這部分活動的材料。在小組時間裡，幼兒可以自由地探索和實驗這些材料。**大團體時間**，是另一個在日常作息中由成人所引發的活動，所有的成人和幼兒都會聚在一起參與音樂和動作的活動、故事扮演、團體討論和合作式的遊戲和工作。本書在每一章的特定小節中陳列一些可用來做為小組和大團體經驗的點子。

評量

　　高瞻教學法的評量是基於每日對幼兒行為的觀察。使用高瞻教學法的成人們相信，幼兒天生的好奇心是他們去探索和發現的驅動力。如果一個設計良好的物理環境和適當規畫的日常作息並存時，成人便能觀察到每位幼兒如何地跟材料、日常作息的要

✛ 當幼兒實踐他們的想法和意圖時，成人和他們併肩工作

素，以及與同伴和教師間以不同方式進行互動的情形。觀察時，成人用高瞻課程的評量工具來協助他們辨識一些幼兒在發展上的重要行為。

協助詮釋幼兒觀察的課程工具

如同我們上述所解釋的，成人在實施高瞻課程時會使用兩種基本工具作為如何從幼兒的認知、體能和社會技巧發展來了解他們行動的資源。工具之一是我們在前面提過的「高瞻的重要經驗」。第二種工具是，高瞻為 $2\frac{1}{2}$～6 歲幼兒所做的觀察記錄。此觀察記錄包括了在六個兒童發展領域中的三十項行為的指標，成人可以用來分類和評估幼兒在發展上的重要行為。用幼兒觀察記錄對幼兒行為所做的評量，僅供討論和做教學計畫，或是建立幼兒個人發展小檔案之用。（如果你想知道如何使用幼兒觀察記錄，我們建議你接受高瞻幼兒觀察記錄的訓練。）

觀察幼兒、和他們互動，以及為他們作教學計畫都需要成人全副的精神和注意力。每一個教學團隊都需要設計出一個適合自己使用的計畫和評量的運作系統，但是這裡也有一些共同的要素。對所有的課程都很重要的一點就是，要能發展出一個可以精確地收集每位幼兒的軼事記錄的系統。所謂軼事記錄，是一些簡短的摘要，記錄幼兒在發展上的一些重要行為。教學團隊成員總是在幼兒到校前、離校後，或在幼兒的休息時間等這些每日計畫時段中互相討論及記錄這些軼事記錄。在這些計畫時段中，成人分享他們的觀察，用高瞻重要經驗或是幼兒觀察記錄的架構來詮釋這些觀察，並且決定未來互動的方法和活動。本書在「對幼兒的觀察」部分將會呈現許多教師所做的軼事記錄的例子。

觀察和作軼事記錄的要點

要執行這項以幼兒興趣為基礎教學計畫的成人們，必須承諾他

們會小心地觀察和記錄幼兒的行動。精確地記錄幼兒遊戲的細節可以協助成人記得、討論，和確立幼兒的行動。

收集關於幼兒的精確訊息，是一項需要經過練習的技巧。如果在你的教學環境中，並不是使用高瞻教學的重要經驗或是幼兒觀察記錄作為收集幼兒的發展訊息時，你仍然需要某些觀察來執行本書中所描述的計畫程序。接下來，是一些由高瞻的現場教育者所發展出來，能夠成功地觀察和記錄幼兒訊息的方法：

1. 對該行為的詮釋、想法或是判斷。以下是一個客觀軼事記錄的例子：「山姆今天在他父親離開之後哭了十分鐘。」而不是記下你對他的行為的看法：「今天在山姆的父親離開之後，山姆對他的父親很生氣，並且覺得傷心。」

2. 張貼高瞻重要經驗或是幼兒觀察記錄的分類要項，或是你學校中所用的幼兒發展工具在你容易看到的地方，以便在你觀察幼兒的行動和想法時，提醒你該注意幼兒的哪些能力。

3. 有系統的在教室內放一些筆記本或是隨身攜帶一本筆記本。當你和幼兒一起玩時，隨手記下一些簡短的觀察記錄。例如：「蘇珊，積木區，舞台，觀眾」，等有時間時，再將其仔細膽寫成：「在工作時間時，蘇珊在積木區的地板上放了一些大型中空積木，站在上面用很高的聲音唱歌。然後她在面對積木的地方放了一些椅子，請班上的同學來當她的觀眾。」

4. 保留原始美勞作品的樣本。有些材料，如積木等是每天必須歸位的，則可以用照相的方式來幫幼兒做作品的記錄。每樣記錄都需標示日期。

5. 將錄音機放在靠近幼兒工作的地方以記錄互動的情形。

6. 選一個你想觀察的幼兒發展領域（例如：幼兒如何運作或是溝通他們的想法）。把這個領域寫在數張紙的頂端，然後將其貼在教室內一些重要的定點上。當你觀察到一位幼兒呈現與你要觀察的領域相關的行為時，立刻將其記錄在你事先準備好、最靠近你所

✠ 在高瞻的教學環境裡，我們鼓勵幼兒在遊戲中能自己解決問題。例如：
上面的照片是伊萊絲想出辦法來將磁鐵球連成一長串，下面則是凱麗想
出打開她起司點心的方法。教師則用軼事記錄來抓住像這樣的「學習時
刻」

站位置的紙上。一週之後，檢查一下是不是班上的每位幼兒都有一件被記下的事情，然後再用另一個發展領域做一張新的表。

7. 騰出時間來和團體成員一起討論所觀察的事件並計畫未來的互動。有些教學組的成員每天用幼兒到校前或放學後的三十分鐘來討論，有些則每週討論一次或兩次，但每次用較長的時間。選擇一個適合你和你的搭檔使用的方式，然後要記得把這段時間空下來做為討論之用。

上述總結了本書的組織摘要和高瞻教學法的基礎。接下來的章節中，我們將提供一些教學點子。每一章都強調一種學前教育教師們熟悉的遊戲經驗，其安排如下：

◇ 第二章　美勞作品：線畫、繪畫和製作模型
◇ 第三章　假裝：喜愛扮演的角色
◇ 第四章　自然：觀察植物、動物和天氣
◇ 第五章　社會遊戲：探索感受和人際關係
◇ 第六章　慶祝：經歷節慶和特殊事件
◇ 第七章　容易製造「髒亂」的材料：傾倒、填滿、混合和模塑
◇ 第八章　與食物有關的遊戲：烹飪、吃和假裝
◇ 第九章　人物扮演：小熊維尼、小豬皮傑和忍者龜

當你讀過了本書在每一章所建議的方法和經驗之後，請你一定要記得，本書並不是教學點子的「食譜」，書中所建議的點子是一般教學和計畫過程的例舉。因此我們建議你，不要照本宣科地使用書中的例子，而是用來做為範例，並融合你對班上或學校中個別幼兒的觀察來發展出類似的策略和經驗。

□高瞻學前教育的重要經驗（Key Experiences）

創造性表徵（Creative Representation）

- 藉由視覺、聲音、觸感、味道和氣味來辨識物體。
- 模仿動作和聲音。
- 指出與實地及實物關聯的圖畫、相片及模型。
- 假裝和角色扮演。
- 用黏土、積木和其他的材料做模型。
- 線畫及繪畫。

語言和讀寫（Language and Literacy）

- 與別人談論具個人意義的經驗。
- 描述物體、事件及關係。
- 進行有趣的語言活動：吟誦韻文、編故事、聽童詩及故事。
- 各種形式的書寫：線畫、塗鴉、類似文字的形式、自創的拼字、一般的字形。
- 各種形式的閱讀：看故事書、標誌和符號，以及自己書寫的東西。
- 口述故事。

自發性和社會關係（Initiative and Social Relations）

- 做及表達選擇、計畫和決定。
- 解決在遊戲中所遇到的問題。
- 照顧自己的需求。
- 用語言表達感受。
- 參與團體的作息。
- 能敏感於他人的感受、興趣，和需求。
- 和其他幼兒及成人建立關係。

- 創造和經驗合作式的遊戲。
- 處理社會性衝突。

動作（Movement）

- 非移動式的身體動作（定點式的移動：彎曲、扭轉、搖晃、甩自己的手臂）。
- 移動式的身體動作（非定點式的移動：跑步、雙腳跳、單腳跳、跳躍、行走、攀爬）。
- 與物體一起作身體移動。
- 在身體動作中表現創意。
- 描述身體動作。
- 跟隨動作指令。
- 感受及表達節拍。
- 與別人一起隨著一般的節拍作動作。

音樂（Music）

- 隨著音樂移動。
- 探索並辨識聲音。
- 探索吟唱的聲音。
- 自創曲調。
- 唱歌。
- 玩簡單的樂器。

分類（Classification）

- 探索和描述物體的相似處、相異處和屬性。
- 區別和描述形狀。
- 分類和配對。
- 以多種不同方式來使用及描述物體。
- 能同時了解一種以上的屬性。

- 區別「部分」和「全部」。
- 說出某種物體所不具有的特徵，或它不屬於何種類別。

序列（Seriation）

- 比較物體特性（比較長／比較短，比較大／比較小）。
- 將數樣東西以某種順序或方式來加以排列，並描述其間的關係（大／比較大／最大，紅／藍／紅／藍）。
- 經由嘗試錯誤將一組已有順序的物體與其他物體合併（小杯子—小茶托／中杯子—中茶托／大杯子—大茶托）。

數目（Number）

- 比較兩組東西的數目，以決定「比較多」、「比較少」、「一樣多」。
- 將兩組物品依一對一對應的方式來加以安排。
- 數數。

空間（Space）

- 填滿和倒空。
- 將物體組合及分開。
- 改變物體的形狀和安排（包裝、扭轉、拉長、堆疊、包圍）。
- 從不同的空間角度來觀察人、地和物。
- 在遊玩的空間、建築物及鄰近地方，來經驗和描述位置、方向及距離。
- 用線畫、圖片和相片來說明空間關係。

時間（Time）

- 依信號開始及停止一項動作。
- 體驗及描述動作速度。
- 體驗及比較時間間隔。
- 預期、記住和描述事件的順序。

©High / Scope Educational Research Foundation

美勞作品

線畫、繪畫和製作模型

小朋友蕊萊在過去幾週以來都忙著用繩子做東西。工作時間她最喜歡做的活動之一就是做「陷阱」，她把繩子套在教室內的攀爬架上，然後將繩子繞到幾尺外的一個櫃子的門把上。她來回的將繩子在攀爬架和門把間纏繞，直到繩子變成好幾層為止。然後她把玩具掛在不同層的繩子上，「這樣如果有人想打開門，就會有聲音發出。」

　　蕊萊也將繩子運用到美勞區來，她用一些短繩來當筆刷，將顏料刷出有趣的效果。今天的工作時間裡，她發現一個使用繩子的新方法；她將繩子剪成三段，並且在每一段的後面黏上一小片顏色鮮豔的壁紙。當她做完時，她把她的作品帶到卡蘿老師那兒，並且說：「幫我做成可以掛在床上會動的那種玩具，這樣我就可以拿去掛在傑勒米學校的嬰兒床上了。」（蕊萊十二週大的弟弟剛加入學校的嬰兒班，那是在走廊的另一端。）

🌀

　　喬納在戶外騎三輪車，不小心撞倒放在走道上一小罐沒蓋上蓋子的廣告顏料。顏料灑出，並且在走道上創造出一個長方形的泥糊。喬納從腳踏車上下來，盯著泥糊看，看著它變長以及變厚。顏料停止流動之後，喬納退後一步，盯著顏料痕跡看了一會兒之後，他拿了另一小罐別色的顏料小心地倒在原來那灘泥糊上。如此這般，他又加入了另三種顏色的顏料，每次加完，他都會退後去檢視一下他的大作。當他用完了他所有的顏料之後，他拿了枝水彩筆，前後擺動手臂來混合顏料，並且小心地把身體往前傾，這樣他的腳才不會踩到顏料。在混合了顏料之後，他開始前後擺動手臂，在空中甩動已沾濕的水彩筆，顏料一點一點的灑落在走道上。

　　喬納停下來看這些灑落的顏料，然後呼叫站在附近的彼得老師：「看，彼得，我在地上做了好多彩色雨點。」「彩色雨

點嗎？」彼得說著，走向喬納。「對啊！」喬納回答。「拿一枝水彩筆，沾這裡，然後甩一甩。」喬納繼續說，並且用手示範動作。彼得拿起一枝水彩筆，並且照喬納的指示做。接著，塔克和崔樂加入他們。他們四個繼續沾、甩、灑，直到戶外時間結束。隔天，喬納回到走道來看他那已乾了的設計。他拿了些彩色的粉筆，沿著他的作品外圍描邊。

小組時間，老師在桌上放了一些形狀金屬模板、紙和書寫工具。凱西開始挑選，並且選出三個模板：圓型、正方型和三角型。然後，她開始描每一塊模板，並且將形狀加以組合畫出一個人的樣子。她用圓型的模板當頭，正方形當身體，然後長方形當手和腳。當她完成了她的作品之後，她轉向另一位幼兒說道：「我畫了一個人，現在我要幫她做些衣服。」她將剩下來的小組時間和隔天的工作時間前半段，用彩色筆、碎布、亮片和黏膠幫她所做的紙人做衣服。

工作時間中，維克特正在積木區。他坐在一塊積木上，面對著八塊積木搭成的塔。「呼輪！呼輪！呼輪！」他一再的發出這樣的聲音。在積木區旁美勞區工作的凱菈叫著：「停止那噪音，那讓我很不舒服。」維克特微笑著，把腳踏在地板上，並且再次弄出那聲音，這次又更大聲了。

維克特和凱菈吵了一陣子以後，老師靜悄悄地走過來，坐在維克特和凱菈中間的地板上。老師說：「聽起來，凱菈好像要告訴維克特一些事。」凱菈面向維克特，並且重複她對於那些噪音的抱怨。然後老師轉向維克特說：「你的噪音讓凱菈很不舒服。你能不能解釋一下，為什麼你的聲音要這麼大呢？」

維克特解釋，他正開著他的車去加州，可是「消音器被風吹走了」。「消音器被吹走了？」老師說道，「那是噪音的問題所在。」「我知道怎麼修理消音器。」凱菈說。她跑到玩具區並拿了根塑膠管。當凱菈和維克特一起修理「消音器」時，老師拿了一根不同的塑膠管，回到積木區，躺在地板上模仿著凱菈和維克特修車的樣子。

✹ 正在工作的小小藝術家： 培養幼兒的創造力

在一個鼓勵幼兒探索藝術和建構材料的環境裡，我們常可以看到幼兒像上述的例子一樣，在遊戲中創造東西。對一些幼兒而言，做東西——繩子做的網、一個懸掛的玩具、一個描畫的人像或是一輛積木搭的車子——都是一種特殊心像和心中想法的溝通方式。對別的幼兒來說，藝術性的創作很自然地在他們探索材料時產生。例如，喬納在走道上的畫作就是由一個意外而產生的。只有在他探索材料一段時間之後，他的繪畫點子才會較明確。

了解幼兒在投入美勞工作和造型創作上所引發的觀念和能力，可以協助成人支持幼兒創作能力的發展。學齡前的幼兒經由他們的感官、行動以及經由與人和物的互動經驗來學習。當他們由學步兒成長到學齡前階段時，他們已發展出能將自己的經驗形成心理意像的能力。經由這個新發展的心理表徵能力，幼兒開始能夠用線畫和造型創作來溝通他們的想法和經驗。當成人提供機會讓幼兒用藝術和建構經驗來表達自己時，幼兒漸漸發展出使用創作性媒體的控制力和技巧。幼兒也在作品中呈現一種個人的投入意識，並且透過藝術對所呈現的想法和經驗有更多的了解。

當你在支持幼兒的藝術作品和造型創作時，你需謹記在心的

第 2 章　美勞作品

是，幼兒在使用藝術和建構材料的初期，並不會有如蕊萊和凱西那樣複雜的創作。他們創作的東西常不是成人能夠一下子就認出來的，許多幼兒就像喬納一樣，僅僅只是探索和實驗材料而已。其他的幼兒，如：維克特，則用非常簡單的方法來使用材料，然後用語言來附加在他們的創作上。

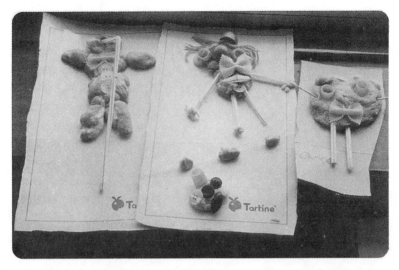

✠ 期待兒童以個人獨特的方式來使用藝術材料

很重要的是，要用一些方法來鼓勵這種用線畫及模型創作材料引發的探索性遊戲。期望可以看到幼兒將一種顏色覆蓋在另一種顏色上（雖然結果可能是泥黃色）；搥、擠、切和揉黏土及其他可模塑的材料；排列、平衡、重新安排和堆疊各式不同的積木。需要切記的是，這些探索性的行動對於幼兒複雜的創作能力和溝通技巧的發展有很重要的價值。

使用藝術和建構材料的經驗，能協助幼兒在所有領域中發展其技巧。經由這樣的經驗所發展出的廣泛能力將列舉於第 29-32 頁的「幼兒觀察」記錄 的部分。教師對於幼兒這類遊戲的軼事記錄，如：蕊萊、喬納、維克特和凱菈的部分，我們已列舉在本章開頭的

段落中。當教師在討論這些軼事記錄時，他們用高瞻幼兒觀察記錄所提供的發展架構來詮釋他們的觀察。每則軼事記錄在發展記錄上都有相對應的項目，以辨識幼兒在行為上所反映出的重要能力。當教師為這些幼兒做後續的計畫和經驗的提供時，他們會考慮如何提供機會，讓幼兒可以在以他們的興趣為中心的環境中繼續發展這些能力。

☀ 支持幼兒在線畫、繪畫和製作模型上的興趣

　　創造力、問題解決的能力、個人的表現方式和做決定的能力——這些都是在學前教育的教室裡，以「合作」的方式進行藝術和造型活動時所伴隨存在的重要基石。高瞻合作式的教學方式將和那些由教師主導的教學方式形成對比，在教師為主導的方式中，成人設計特別的藝術和造型活動，並且指導幼兒完成這些活動。然而，在高瞻以過程取向的教學法中，成人的角色並不是去指導幼兒，而是鼓勵和參與幼兒的工作，觀察和模仿幼兒，並且偶爾模塑幼兒沒有想到的新點子和技巧。

　　以下是教師所發展出來的一些策略，用在支持蕊萊、喬納、凱西、維克特、凱菈和班上其他同學所呈現在線畫、繪畫和製作模型等方面的興趣。他們的想法再加上一些一般性的準則，就可以適用於所有與藝術相關的活動，以及適合於這群幼兒特別有興趣的活動上，如：繩索、潑灑畫、服裝設計和汽車的建構及修理。

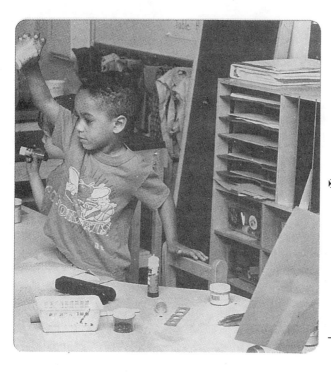

田 觀察和記錄幼兒使用藝術材料的方法。有些幼兒喜歡以探索性或肢體活動的方式來使用材料，然而，有些幼兒會較精確地使用材料來呈現某些字母、形狀或物品

☀ 一般的教學和互動策略

✔當幼兒要求你協助時，試著將這些情況轉變成學習和解決問題的契機。例如：蕊萊的教師知道在她來要求協助之前，她都是自己在那兒為弟弟做懸吊式玩具。教師避免直接幫蕊萊做，反而藉著提供她所需要的支持，讓蕊萊能自己去完成她的工作。當蕊萊說：「幫我做成懸吊式的玩具，好讓我可以把它掛在傑瑞米學校的床上。」一般的成人可能會這樣回答：「好啊！明天我會帶一個塑膠衣架來，然後妳就可以把紙條掛上去了。」相反的，成人可以鼓勵蕊萊去想想看，有哪些材料是她可以用來完成她的工作的。「一個懸吊式的玩具——妳要做個懸吊式的玩具嗎？」成人如此說，稍做停頓並且等看看蕊萊是不是了解她到底需要什麼

了。當蕊萊說：「對啊，那種可以懸掛在他頭上的東西啊！」然後老師說：「所以，妳需要可以把這些紙條掛起來的東西，是嗎？」「對，」蕊萊回答，「妳說對了。」在老師建議他們一起在教室裡找一找，看看有沒有什麼他們可以用的東西時，蕊萊決定將紙條綁在紙捲軸上。

✔ **等待，直到你被幼兒邀請，才加入討論或是參與幼兒的探索中，**雖然你可能早就想介入了。喬納的老師──彼得，早在喬納還在實驗那一灘灑出的顏料時，就可以說類似的話了：「這顏料好像在流動。」「藍色和紅色可以變成紫色。」或者是「如果你用一枝水彩筆不知道會怎樣？」有些成人們也許會認為，上述這些話會使喬納去思考並且從中學習。此外，立刻加入喬納的遊戲，對於彼得老師而言是個有趣的活動，因為他特別喜歡畫畫和其他藝術的活動。然而，彼得老師並沒有說或是做任何事情，在高瞻教學裡，我們建議成人等待幼兒的邀請再加入幼兒的談話或是遊戲中。我們鼓勵成人先看和傾聽幼兒，然後基於他們的互動策略評論對幼兒所做的特別事情的觀察，這就是彼得老師所用的方法。因為彼得老師忍住馬上走向喬納的衝動，他才有機會觀察到喬納使用顏料的方法。也因為彼得老師願意讓喬納自己去實驗，喬納才有機會發現他可以使用整個身體的晃動讓顏料灑落在走道上。之後，當彼得老師加入喬納時，他按照喬納的邀請來參與和使用材料。

✔ **支持和建構幼兒的遊戲點子，參與在幼兒建立的情境中。**事實上，維克特的車子設計是非常簡單的，但是他卻可以用很豐富的語言來描述他的工作。他對消音器的討論展現了他對車子的了解，雖然這並不能在他用積木所搭建的造型簡單的車子上表現出來。了解到語言的表徵是維克特工作中很重要的一部分，老師重複維克特的用語並且認知到一個壞掉的消音器「真是個『噪音』的問題來源」。這個評論似乎引起凱菈修理消音器的想法。

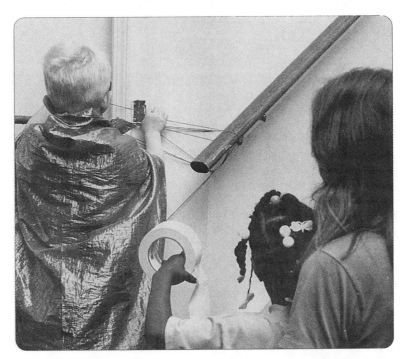

✠ 如同這位教師所做的，觀看和等待被邀請進入幼兒的工作之中

✔檢視你用來和幼兒溝通他們的藝術和造型創作的方式，需避免恭維或是稱讚幼兒。例如，凱西的老師也許可以說：「凱西，妳幫娃娃設計的衣服好可愛哦！她好漂亮。」維克特的老師也許可以說：「維克特，你用積木搭了個好棒的塔！」雖然這些陳述都是事實，但是這樣的說法並無法鼓勵更進一步的對話或是互動。像凱西的老師所做的：只是在旁觀看幼兒工作；或是像維克特的老師所做的：簡單的評論幼兒對自己作品的描述，都比較能鼓勵幼兒對於他們的工作做進一步的對話。

✔當你思考怎麼用材料才恰當時，試著採用正在探索和發現該材料的幼兒之觀點。如果光從一位成人的觀點出發，我們很容易就覺得像喬納那樣的顏料實驗真是「浪費顏料」。然而，需要謹記在心的是，正在探索和發展新技巧的幼兒常常都看起來像是用了過

多的材料。如果你還是擔心幼兒浪費材料，你可以在補充顏料或是黏膠時只裝半滿，而不要在幼兒工作進行一半時去打擾幼兒，告訴他說他用了過多的材料。或是，提供一些額外且不貴的材料，讓幼兒可以用來傾倒和混合，例如：水或是漿糊。

☐幼兒觀察

自發性

教師的軼事記錄	高瞻幼兒觀察記錄項目和層次*
在戶外時間，喬納的腳踏車撞倒了一瓶顏料，他用潑灑出的顏料做了項設計。他加入了四種新的顏料到潑出來的顏料中，加的時候，他小心地從左邊傾倒顏料到右邊。	A.表達選擇：(2)幼兒藉著說一個字、用手指或是一些動作來顯示一項他們喜歡的活動或是一個活動的地點。
在工作時間，蕊萊用膠帶把三條繩子上都各黏上了少許壁紙。	B.解決問題：(3)幼兒用一個方法去嘗試解決一個問題，但如果不成功，試了一兩次之後就放棄了。
在小組時間，凱西描了四方形、三角形和長方形的模板後，做了個紙人。隔天的工作時間裡，她把她做的紙人拿到美勞區，用彩色筆、碎布、亮片和黏膠為她做衣服。	C.參與複雜的遊戲：(4)幼兒獨自行動，執行複雜和多種順序的活動。

社會關係

教師的軼事記錄	高瞻幼兒觀察記錄項目和層次
在工作時間，蕊萊把她的美勞作品（三條色彩鮮豔的壁紙條黏在三條繩子上）帶到卡蘿老師面前，並且說：「幫我做個懸吊式的玩具，我好掛在傑瑞米學校的床上。」	E. 和成人產生關聯：(3)幼兒主動和熟悉的成人互動。
在工作時間裡，凱蓝用玩具區的塑膠管幫忙維克特修理他車子的消音器，他們在一起工作了十五分鐘。	F. 和其他的幼兒產生關聯：(4)幼兒持續和其他幼兒互動。
在工作時間，當維克特弄出「呼輪！呼輪」的聲音時，凱蓝說：「停止那聲音——它讓我很不舒服。」	H.參與解決社會性問題：(4)幼兒有時會藉著磋商或是其他社交上可被接受的方法，試圖自己解決和其他幼兒間的社會性問題。

創造性表徵

教師的軼事記錄	高瞻幼兒觀察記錄項目和層次
在小組時間和隔天的工作時間，凱西做了一個有頭、身體、手和腳的紙人。她用碎布幫她的紙人做衣服，並且在衣服的邊緣用亮片點綴。	J. 製作和建構：(5)幼兒用材料製作或建構至少含三樣代表細節的東西。
在戶外時間，喬納藉著將顏料一層層倒在一起，在走道上創造出一個設計。然後，他用水彩筆把	K.線畫和繪畫：(2)幼兒探索各式線畫和繪畫的材料。

顏料混合，再藉著身體前後的晃動把顏料像點狀般地灑在地板上。	
在工作時間，維克特和凱菈用玩具區的塑膠管當工具，假裝在修理維克特車子吵雜的消音器。	L.假裝：(4)幼兒和另一位幼兒參與合作性的假裝遊戲。

音樂和動作

教師的軼事記錄	高瞻幼兒觀察記錄項目和層次
蕊萊從膠台上撕了三條膠帶，然後用它們來連接紙條和繩子。	N.展現手部的協調：(4)幼兒很精確地操弄小物品。
在戶外時間，喬納叫彼得老師過來並且說明如何在走道上製作彩色雨滴，當他說：「拿枝水彩筆，沾這裡，然後甩動。」時，他還加上動作的示範。	P.隨著音樂和動作的指令：(5)幼兒描述和執行動作的順序。

語言和讀寫

教師的軼事記錄	高瞻幼兒觀察記錄項目和層次
在凱菈告訴維克特，他弄出太大的噪音之後，耶波老師對維克特重複一次凱菈的話。維克特解釋，他正開往加州的路上時，車子的消音器被風吹走了。	Q.了解語言：(3)幼兒以簡單的、直接的、對話的句子做回應。
在戶外時間，喬納告訴彼得老師：「我在地上做了彩色的雨滴。」	R.說話：(2)幼兒使用超過兩個字的簡單句子。

邏輯和數學	
教師的軼事記錄	高瞻幼兒觀察記錄項目和層次
在工作時間，蕊萊將下列的東西各取了三樣：壁紙條、繩子和膠帶。然後，她用膠帶把一條壁紙和一段繩子黏起來。	BB.數物品：(3)幼兒正確地數三樣物品。
在工作時間，蕊萊用繩索和懸吊物品作成一個「陷阱」，她解釋作陷阱的目的是：當有人要打開門時就會發出噪音。	DD.描述順序和時間：(2)在一連串順序性的事件中，幼兒計畫或是預期下一件事情的發生。

* 上面用英文字母所標示的幼兒觀察記錄的項目，是針對教師在軼事記錄中所描述幼兒特定的行為之一般性標示；用數字所標示的幼兒觀察記錄的層次，是更細節地描述幼兒行為在該項目中的發展層次。

 # 增加室內和戶外的材料

穿線和打結

1 如果幼兒像蕊萊一樣，表現出有興趣做懸吊玩具時，我們可以在美勞區放一些材料，讓幼兒可以很安全地把東西掛上去。這些材料可包括：塑膠衣架、樹枝、不同粗細的木棍子、捲筒式衛生紙或廚房用紙巾的紙捲軸，和塑膠或木製的冰棒棍或是壓舌板。

2 支持幼兒在穿線和打結方面的興趣，可以增加一些簡單的編織工具和材料。在某個教室裡，一位志工家長做了個形式簡單的站立式編織用的木架（大約4呎×6呎）。教師將毛線綁在框架上下的木棍上。他們也在架上的籃子裡放滿了毛線；不同長度、厚度的紙條；打了洞的色紙；天然的東西像：樹枝和長的草；線球或繩

球。幼兒用教師所提供的材料，以及加上在戶外發現的材料，以和教室內其他學習區的材料，在框架上編織或是拆掉做成各式的設計。

繪畫

3 當你發現幼兒用一些具創意的方法來使用顏料畫畫時，增加一些材料來鼓勵幼兒做更多的實驗。爲了要鼓勵喬納在潑畫和顏料混合上的興趣，教師在美勞區放了更多的顏料和畫畫的材料，或者在時機恰當的時候，也把這些材料移到戶外的遊戲場上。這些材料包括：牙刷、網子、木框篩子；蒼蠅拍和裝顏料的淺盤；咖啡濾紙、點眼藥的塑膠滴管和食用色素；以及在塑膠瓶裡面裝一些顏料。教師一次增加一組的材料，並且在把材料放進學習區或戶外之前，先利用小組時間將這些材料介紹給小朋友們（請參照「小組經驗」策略 3，4，5）。

⊞ 提供牙刷和一般的水彩刷以及一些作畫的材料，讓幼兒有機會實驗畫畫的新方法

4 爲了支持幼兒注意和探索不同畫材的興趣，提供一些不同的畫畫工具，可作爲作畫的材質和顏料。例如，喬納的老師們在美

勞區放一些刷子、梳子、牙刷、海綿和棉花球，讓幼兒可以用來當畫畫的工具。他們也提供了許多不同的、可供作畫的工具和材料——桌子、畫布、塑膠玻璃、玻璃紙和各種不同的紙。他們也增加了一些可放在顏料中的東西——糖、鹽、煉乳、咖啡顆粒、肥皂片，和一些會發亮的東西——以製造不同的質感。教師們在把這些材料加入學習區之前，先用幾次的小組時間來介紹這些材料（請參考「小組經驗」策略 6）。

5 可在圖書區加入一些介紹色彩的書，如：《顏色農場》（*Color Farm* by Lois Ehlert）和《我的頭充滿了色彩》（*My Head Is Full of Colors* by Catherine Friend）。如果你有電腦，幼兒會喜歡著色和線畫的軟體，像：「幼兒的圖片」（*Kid Pix;* Broderbund 公司出品）和「恐龍永遠存在」（*Dinosaurs Are Forever;* Merit 公司出品）。

✠左：幼兒因為對《顏色農場》這本書感到有興趣而開始剪出一些不同的
　　形狀，這啟發了教師在小組經驗裡提供一些可供描畫的形狀模板
✠右：上完小組活動的隔天，在工作時間時，凱西找到了一些有趣的東西
　　來描邊

服裝設計

6 為建立幼兒對服裝設計的興趣，可以向附近的布店要或借一個小孩的人體模型和大塊的零頭布（可以把人體模型包起來），

提供一些可用來搭配衣著的配件，例如：一些舊的首飾、絲巾、帽子和手套，讓幼兒完成他們所設計的服飾。幼兒也許會對使用這些材料來爲他們自己、他們的娃娃和動物玩偶設計衣服很有興趣。

7 提供一些可供縫紉的東西：多餘的碎布、塑膠針、毛線和線。

8 在玩具區放一些紙娃娃和紙做的衣服。所選的衣服最好能用在許多不同的扮演情況（如：盛裝、運動、出外工作等等）。

建造車子或修理

9 當幼兒像維克特和凱菈表現出對車子的建造和修理的興趣時，老師可以在學習區中加一些真實的車子零件和配件。像維克特的老師就跟鄰近的修車場要了一個方向盤和一支排檔桿。爲了搭配這些零件，老師還收集一些汽車鑰匙、舊的開車手套、螺絲起子、扳手（轉螺釘的工具）、風扇帶和手電筒（當幼兒躺在「車」底下修車時可用）。

10 在建構區可增加一些小東西來支持三度空間的車子建構。例如可包括一些堅固耐用的紙盒子、牛奶瓶的塑膠瓶蓋、一般的瓶蓋、瓶刷、螺帽和螺釘、貼花、木片、榔頭、釘子和黏膠。

11 確認一下你放在玩具區的一些建構組合零件包括了：輪子、車軸，和其他的汽車零件，可以供幼兒建造車子及其他各種的交通工具。

12 如果可能的話，也可以在你的遊戲場上放一輛真的舊車子。曾經有一個非常認真的教學團隊就把一輛舊車子拖回他們學校的遊戲場，並且把車子的底盤深入土裡以固定車子。幼兒經常來駕駛這輛車，並且很喜歡洗、擦、修理車子，甚至爲這輛車子重新上漆。

✠ 當幼兒假裝轉動車子、卡車或是其他的交通工具時，可以在教室增加一些真實的交通工具零件（如：方向盤），這會鼓勵幼兒在他們的扮演遊戲中增加許多的情節

☀ 計畫和回想的經驗

穿線和打結

1 為了建立幼兒在用繩子做陷阱的興趣上，可以將一些玩具綁在繩子上，如此只要搖動繩子就會發出聲音。請其他的幼兒先蒙上眼睛，作計畫或是分享經驗的幼兒把綁上玩具的繩子拿到她／他做活動的學習區中搖一搖，讓其他的幼兒猜猜聲音是從哪個學習區

發出來的。一旦猜對了，該位幼兒就開始談論他／她的想法。

2 用各學習區的代表符號做成一個懸吊式的玩具（或是用從各學習區取來的玩具來做也可以）， 並且把它吊在離地幾呎的地方。請幼兒輪流躺在懸吊式玩具底下，觸碰代表他們要去那裡玩或是剛剛在那裡玩的學習區的符號或是所代表的物品，然後討論他們的計畫或是分享他們的經驗。

3 提供幼兒材料以便讓他們在工作時間做懸吊式玩具：衣架、繩子、代表學習區的符號、從各學習區拿來的物品，以及美勞材料。幼兒可以在他們的懸吊式玩具上掛上他們計畫要去或是剛剛去過的學習區符號或是物品。

繪畫

4 在桌上用一個透明的容器裝滿水，在旁邊放三個裝有不同顏料的瓶子。當幼兒描述他／她的工作計畫或是分享他／她的經驗時，他／她就選一個有顏料的瓶子，擠一點顏料到清水中。鼓勵幼兒去觀察所產生的改變。

服裝設計

5 如果幼兒做了一些紙娃娃，在徵得該位幼兒的同意後，使用他的紙娃娃來做爲作計畫或是回想的道具。（另外的方法就是你自己做個類似幼兒作品的紙娃娃。）幼兒拿著紙娃娃，假裝告訴紙娃娃他／她的計畫或是經驗。

6 用厚紙板剪出人形，並且用紙做一些衣服，在每件衣服上畫上代表不同學習區的圖案。可以在紙娃娃和衣服上都各貼上一小塊子母帶，如此幼兒就可以把衣服固定在紙娃娃身上。幼兒選出衣服上畫有他們計畫要去或是剛剛去過的學習區圖案讓紙娃娃穿上，來描述他們的計畫或是經驗。

把穿戴的配件（如：一頂帽子、一件首飾、一條絲巾和一副手套）放在計畫／回想的桌上。當幼兒要分享他／她工作時間的想法時，幼兒選取其中一樣配件將其戴上。

✠ 由於幼兒前一天在工作時間十分投入假裝建造和修理車子，老師在計畫時間就用各學習區的圖案來作記號，設計出一條「計畫道路」。幼兒把小車子開到那個代表他們要去工作的學習區標示那裡

8 把車子的零件或是配件（如：方向盤、排檔桿，或是司機的手套）帶到計畫或是回想桌上。每位幼兒拿一件道具來分享他或她工作時間的想法。

9 用積木、樂高或是其他小型的組合玩具來造車子。幼兒輪流分享他們的計畫或經驗。當他們把車子「開」到那個人的面前，就輪到那個人作計畫或是回想。

小組經驗

穿線和打結

1 當幼兒在工作時間裡對做某些美勞項目顯得特別有興趣時，老師可以在小組時間裡提供一些類似的材料來供幼兒實驗以繼續幼兒的興趣，然後觀察幼兒如何展現他們的能力。例如，在蕊萊開始製作她的懸吊式玩具後，老師在小組時間就提供了一些作懸吊式玩具的材料，如：紙、彩色筆、打洞器、繩子、棍子，和毛線等。在活動開始的時候，老師用蕊萊做給她弟弟傑洛米的那個可以掛在嬰兒床上的懸吊玩具來提醒小朋友：「今天在小組時間裡，我們要用這些材料來做個像蕊萊送給她弟弟一樣的玩具，讓我們來想想看我們可以怎麼做？」

2 帶你那組小朋友到戶外，並且提供一些毛線、繩子、皺紋紙捲，和一些可以用來打結或是編織的材料。當蕊萊教室裡的老師帶其中一組的幼兒到戶外嘗試這個活動時，幼兒在金屬鍊連結的圍籬空隙裡編織這些材料；隔天，老師觀察並且參與別組的幼兒在院子裡散步，把材料結在鞦韆架上；結在樹幹上；纏繞在一些攀爬架的

木桿上。

3 當幼兒在他們工作時間或是戶外活動中發現顏料的有趣效果之後，教師可以提供幼兒機會讓他們用不同的材料再創類似的經驗。為了讓幼兒再次經驗那個讓喬納覺得神奇的潑畫效果，教師計畫一個戶外的小組時間，在這段時間裡，幼兒把顏料放在一些寬口低淺的容器內，用蒼蠅拍來玩。幼兒喜歡用蒼蠅拍沾顏料在走道上作畫，也喜歡甩動蒼蠅拍來製造潑畫的效果。這個活動也可以有其他的變化，比如：將紗網釘在框架上，用牙刷沾顏料在紗網上刷，就可以在紙上製造刷畫的效果。

4 計畫一系列的小組活動經驗，讓幼兒可以試驗一下顏料的混合。例如某天的活動是把食用色素滴到水中，使整個水都呈現某個顏色，或是把幾個不同的顏色滴到同一個水罐裡。提供塑膠的滴管和煮咖啡的濾紙來讓幼兒使用。鼓勵幼兒將有顏色的水滴到煮咖啡的濾紙上，然後觀察顏料如何在濾紙上散開來以及如何彼此混合。另一天，老師放置了幾瓶膠水、水彩刷和裁剪成不同形狀的彩色皺紋紙。觀察幼兒的反應，看他們如何把膠水塗在皺紋紙上再彼此黏貼；他們將會發現紙與紙之間顏色相混，以及當膠水乾了之後，紙就變硬了。

5 在裝芥茉和蕃茄醬的空塑膠瓶內裝一些顏料，在地板上放一大張紙張（或是用戶外的牆面），鼓勵幼兒作噴畫。你也可以用沙水桌來嘗試這樣的作畫方式：在水桌的底層放置一層報紙，再放上一層白紙以做為作畫的表面。

6 鼓勵幼兒去注意和探索不同顏料材質及作畫效果，再利用一系列小組活動時間介紹新的畫畫工具、作畫舖面，和各式的顏料，然後再把這些材料放置在美勞區供幼兒使用。畫畫的工具可包括：各種刷子、棉花棒、棉花球，而作畫的舖面可包括不同種類的

⊞ 為了支持幼兒在組合和混合顏料上的興趣，教師設計了一次小組經驗，
　讓幼兒用眼藥水滴管、食用色素和水，在煮咖啡的濾紙上作畫

紙張、桌子、畫布和塑膠玻璃。另外，以下的材料也可以加入顏料
內以改變所產生的質感，如：糖、鹽、奶水、咖啡渣、肥皂絲和一
些會發亮的小東西。

服裝設計

7 請家長們捐一些舊的鞋子。當你那一小組的幼兒每人都可以有
一雙舊鞋子時，你可以另外準備一些黏膠、亮片、一些會發亮

的小東西和顏料。請幼兒重新幫鞋子做一下設計，好讓它變成一雙新的鞋子。稍後，讓幼兒穿上他們所做的鞋子來跳舞（請參考「大團體經驗」第4項）。

建造車子或修理

8　安排參觀一下附近的修車廠。事先跟廠主解釋幼兒主動參與的必要性，在可能的情況下，安排幼兒參觀車子的引擎蓋內部被修理的情形，也看看放在液壓升降梯上車子底部的情形，以及讓幼兒實際的去摸一下一些器材（如：拿一些工具，檢視一些新的車子零件，摸一摸外胎的表面，或是到輪胎裡面坐坐看）。

9　提供一些可拆組的材料，如：積木、樂高或是雪花片，讓幼兒可以去創造他們自己的模型車和其他的物件。觀察和記錄幼兒用探索的方法來使用哪些材料和他們是用哪些材料來做一些他們覺得特別的模型。依據幼兒的表徵能力來思考前面所提到的這些觀察記錄。

☀ 大團體經驗

穿線和打結

1　給每位幼兒一條上面貼有許多顏色紙片的繩子，或是用幼兒在先前的小組時間裡以繩子創作的一些作品（需為那些當天缺席的幼兒或不想使用自己創作作品的幼兒準備一些額外材料）。播放所選的音樂（如：高瞻出版的「節奏動作」*Rhythmically Moving* 錄音帶系列第二集裡的「Yankee Doodle」），並要幼兒舞出他們的繩子創意（假裝他們自己是玩偶）。

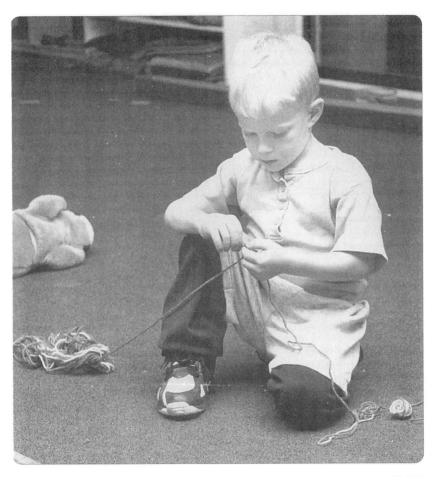

✛ 布萊登在用繩子做玩偶時，發現一些繩索上有一些小小的結，布萊登認
  為嘗試把這些結解開來是非常有趣的一件事。布萊登等一下就要和他的
  繩子玩偶在大團體時間裡一起跳舞了！

┌───────┐
│ 繪畫 │
└───────┘

2 用你觀察到的幼兒作畫的方式，配合幼兒熟悉的旋律，自創一
  首歌，並且鼓勵幼兒一邊唱，一邊做出歌詞中畫畫的動作。

如：用「倫敦鐵橋垮下來」的旋律配合著以下的歌詞：

喬納搖晃一枝筆，

一枝筆，一枝筆。

喬納搖晃一枝筆，

現在他晃兩枝。

3 藉由一疊厚厚的彩色橡樹標籤紙來製作「彩色雨滴」，以建立幼兒的潑畫經驗。將「彩色雨滴」灑落在地板四周，看起來比班上的幼兒人數還要多。播放音樂（可用高瞻出品的「節奏動作」第二集的「Blackberry Quadrille」）並且要幼兒在「雨滴」間跳舞，音樂一停，他們就要站在某個「雨滴」上。

服裝設計

4 把前一天幼兒在小組時間裡所設計和裝飾的鞋子擺出來（參考前面「小組經驗」的第七項）。讓幼兒穿上他們自己設計的那雙鞋，再放點跳舞的音樂（例如：「節奏動作」第三集中的「Alley Cat」），然後請他們一邊跳舞一邊穿戴自己設計的創作品。

建造車子或修理

5 找兩個可以明確分辨的聲音，如：哨子聲和響葫蘆聲。請幼兒假裝他們自己是輛排煙管會發出噪音的車子，在上大團體的地方開來開去。吹哨子時，表示他們要準備開車了。搖響葫蘆時，假裝他們的車子已經修好了，他們要做出被修好的車子的動作和聲音。緩慢的交替兩種訊號，觀察幼兒怎麼回應。

6 用「Here We Go Looby Loo」的調子，自創一首有關於開車、修車的歌，請幼兒一起來幫忙想想歌詞。例如：

這邊開，looby loo，

那邊開，looby lie。

這邊開，looby loo，

一切都在星期六晚上。（幼兒繞著圈圈跳）

我把鑰匙放進去。（做出動作）

我把鑰匙放進去。

我把鑰匙放進去。

一切都在星期六晚上。

（重複第一段）

其他段的歌詞可以包括：「它製造很多噪音，」「我開得非常快，」「我開得非常慢，」「我開到修理廠，」「我修好了排煙管，」和「我加進了汽油。」

✠ 團隊成員以幼兒對繩子、毛線，和其他可以綁及編織的材料的興趣為中心，設計了這個大團體活動。教師提供彩帶桿，鼓勵幼兒隨著音樂移動

從觀察幼兒中我們學到了什麼

在我們試過了以上這些教學項目之後，教師的軼事記錄描述了他們對班上幼兒的了解。他們討論並以高瞻重要經驗中所提供的發展架構來詮釋這些記錄。部分的軼事記錄以高瞻重要經驗的項目來加以分類，呈現在下面的「幼兒觀察」記錄裡。這些記錄顯示了廣泛的學習經驗，是幼兒經由畫畫和造型設計過程而表現出的創造力。請注意，所有重要經驗的項目都被包括在教師的觀察之中，而所記錄的學習經驗都發生在教室內和日常作息。藉著對他們所觀察的特定幼兒的興趣做回應，教師能激勵幼兒更多的創造力。

☐幼兒觀察

創造性表徵

- 卡琳在小組時間裡，一邊將咖啡渣混入顏料中，一邊告訴梅根：「這個聞起來好像我媽媽早晨喝的咖啡哦！」
- 在工作時間裡，茱莉用布纏在自己的身體上，穿上高跟鞋，說：「我是灰姑娘，要去參加舞會。」
- 工作時間，米卡在建構區拿了片木片，用槌頭把兩邊都釘上了個瓶蓋，然後把它放在地板上，前後移動說：「紅燈停，綠燈走。」

語言和讀寫

- 在大團體時間，當班上正在唱以汽車為主的自創歌曲「Looby Loo」時，布萊恩加進了如下的歌詞：「我把腳放在煞車上。」
- 早上在打招呼時間，福瑞拿著《彩色農場》對凱西說：「唸這個給我聽，裡面有像你做的紙人一樣的形狀。」

- 工作時間，米卡用彩色筆在她用碎木做的車子上畫了幾條線。回想時間時，她指著這幾條線說：「這個叫小貨車。」
- 在工作時間裡，凱菈假裝幫維克特修好他的汽車排煙管之後，她拿了張紙和一枝麥克筆給老師，說著：「幫我寫凱菈的修車廠。」

自發性和社會關係

- 在小組時間，塔努卡對蘇說：「請給我紅色顏料，我要把它和綠色混合，看看會怎樣。」
- 「這個比在畫架上畫畫還好玩。」歐迪在小組時間用蒼蠅拍作畫時，這樣告訴老師。
- 馬克在講完了工作計畫後，說：「我在擠紫色顏料時覺得好高興哦！因為紫色是我最喜歡的顏色。」

動作

- 「我沒有辦法把輪子弄得像真的車子一樣的轉啊！轉啊！轉啊！」唐納德一邊說，一邊用他的手繞圈。（他指的是，他在小組時間所造的汽車模型上黏貼的塑膠瓶蓋。）
- 在工作時間，阿里坐在積木架上，手握著方向盤，上上下下的彈跳著，他告訴麥德森（坐在他後面）說：「你要像我這樣跳動，因為這是條石子路。」
- 在大團體時間，當幼兒穿著他們所裝飾的鞋子跳舞時，馬克（穿著高跟鞋）說：「這種鞋子很難跳舞。」

音樂

- 在回想時間，伊萊娜從蕊萊搖出的鈴聲指出蕊萊所在的位置：「我想她在圖書區。」
- 在小組時間，維克特拿著牙刷，前後刷著鐵紗網，並且說：「注意聽，我正在做一首歌。」

分類

- 「我要用牙刷來畫畫，因為蒼蠅拍太大了。」在計畫時間，崔向他的組員解釋。
- 當卡蘿老師在小組時間把蒼蠅拍擺出來時，愛蓮娜說：「有時候，我們用這個來打蟲子。」
- 在小組時間，老師提供了一些做懸吊玩具的材料時，山姆這樣說：「蕊萊做了個懸吊的玩具，可是我沒有小嬰兒——所以我只要畫張圖就好了。」

序列

- 「藍色滴得最長！」當阿蘭娜在工作時間看到顏料滴到她的圖片時，她這樣叫道。
- 「我的車子需要裝最大的輪胎，因為它是輛賽車。」當工作時間維克特在建構區用木片和瓶蓋工作時，他這樣說。
- 「我在我做的衣服上放了很多的亮片，因為這樣看起來最漂亮。」凱西在工作時間這樣告訴愛瑪。

數目

- 「嘿！每個人拿兩隻。」福瑞德在小組時間要大家裝飾鞋子時這樣說。
- 凱菈在工作時間幫維克特修好他車子的排煙管後說：「你欠我三千七百元。」

空間

- 德瑞莎在小組時間拿了條彩帶，並且把彩帶在戶外圍籬笆的空隙間穿進穿出的編織著。在她編織完第一條彩帶之後，她又拿了第二條彩帶，說：「看，我要做一條長長的彩色的線。」

- 參觀加油站之後的工作時間裡，瑪麗亞拿了三個圓柱型的積木，一個疊在另一個之上，然後又把一輛玩具車放在這疊積木之上。

時間

- 當梅根把她在工作時間完成的畫掛起來時，說：「這需要很長很長的時間才會乾，因為我用了所有的顏料。」
- 瑪麗亞做的計畫是：「像昨天在小組活動玩的一樣，用點眼藥水的滴管玩滴畫。」

 # 成人的訓練活動

設計這項訓練經驗是為了激發討論有關成人以「同伴」的方式，跟隨幼兒的帶領來參與幼兒的美勞活動和模塑的優點。

1. 給予參與者以下的指示：

在這項角色扮演的活動裡，你將需要兩位「成人團體成員」、數位「小朋友」。你和你的協同教學搭檔輪流扮演參與幼兒在玩美勞或模塑材料時兩種不同的成人角色。當你完成角色扮演之後，比較一下幼兒對你剛剛不同的互動方式可能有的反應，記錄幼兒可能的反應。這兩種成人的角色描述如下：

角色一：

坐在靠近幼兒工作的地方，模仿你所觀察到的幼兒動作，但不主動和幼兒對話。以相似的方式來使用類似的材料，如：美勞區有些幼兒正在用黏膠把亮片或一些會發亮的小東西貼在紙上，你正巧坐在附近，就照著幼兒的做法做。一直等到某一位幼兒來問你問題或是請你對他的作品表示意見時，你才可以開始說話，但必須保持在幼兒所提到的談話主題上。

角色二：

　　　　以問問題的方式或是讚美幼兒的方式加入幼兒的活動。你可以用類似以下的問題或是說話方式：「馬克，你今天要用積木做什麼啊？」「崔，你把這些卡通人物畫得好棒哦！有哪些話是你想說的，我可以幫你寫在紙上。」

☺幼兒對角色一的反應：

☺幼兒對角色二的反應：

2.和全體參與此訓練活動的成人一起討論以下的問題：
　(1)在不同的角色扮演中，你對個別的幼兒和他們的選擇各有哪些不同的了解？
　(2)在不同的角色扮演中，你和幼兒的互動各維持了多久的時間？
　(3)以上兩種成人的角色各有哪些優、缺點？

假裝

喜愛扮演的角色

四歲的蘇在積木區的中間，站在一塊空心積木上面。她很小心地伸直她的身體，雙手放在肚子上然後開始用高音唱歌，可是聽不出她在唱什麼。幾分鐘之後，蘇在面對她所站積木的方向，排了一排半圓型的椅子。然後，她招呼那些在她附近的同伴：「請坐，請來當觀眾。」一些幼兒坐下之後，蘇回到她的積木舞台重複她早先的動作，又開始唱歌，偶爾她會停下來告訴那些想要離開的幼兒：「請坐下——我還沒唱完。」當她唱完之後，蘇要她的觀眾們鼓掌。在回想時間，她對那組幼兒解釋她在表演「歌劇」，而且在表演之前她需要先練習一下。

　　午休的時候，三歲的塔弩卡決定不睡覺，她安靜地坐在睡墊上玩一些小車車——三輛小汽車、一輛蒸汽碾路機、一輛挖土機，和一輛卡車。她很有系統地在睡墊上工作，一次只玩一個部分，例如：她先來來回回的推著挖土機，然後假裝把挖土機挖到的東西倒到卡車上。當她在睡墊上的某一個地方挖和傾倒之後，她用碾路機慢慢地把那個地方壓平。壓平之後，她才轉向成人要求另一輛車——「校車」，這樣她就能「用這條新路載同學上學了！」

　　戶外時間有四位小朋友在攀爬架下圍成一個圓圈。當一位成人靠近時，幼兒追了出來抓住她的手，把她拉進攀爬架下面，並且告訴她，她被「逮捕」了！在剩下的戶外時間裡，成人不斷地想從監獄裡逃走，幼兒每次都把她抓回來。

好幾個星期以來，每天的計畫時間馬克都說要「當匹馬」。然後，工作時間裡，馬克就趴下在房間四周和桌子下面爬來爬去，一旦有人擋住了他的路，他就抬起前腳發出嘶叫聲。很快地，教師就觀察到幼兒在教室裡開始假裝是狗、貓和鳥了！

☀ 玩扮演：體驗和想像的管道

年幼的幼兒非常具有想像力，並且會玩像上面這些成人觀察到的，由幼兒運用想像力所創造出的情節。當幼兒演出這些劇情時，幼兒再次體驗他們生活中的經驗，模仿那些在他們生活中重要人物的行為，並且與對周遭世界的恐懼奮戰。在支持性的環境裡，幼兒常會有令教師驚訝的表現，他們能記住事情的細節，解決問題，並且在假裝的過程中以新的方式來組合材料。

這些觀察除了列舉幼兒角色扮演的一般流程之外，也顯示了幼兒常演的主題：表演、車子、犯人和動物。在討論如何支持幼兒扮演遊戲的部分，我們將展現如何運用幼兒自創劇情的細節，配合對幼兒發展的了解，來設計一些能提升幼兒學習經驗的特殊策略。依著成人的態度和互動策略的不同，成人會鼓勵或者壓抑幼兒在假裝和角色扮演上的興趣。我們也常見到成人以反對幼兒遊戲的內容或是玩的時間來做回應：例如，告訴蘇要求觀眾是不禮貌的；警告塔弩卡現在是午休的時間，應該要把眼睛閉起來，不可以玩玩具；跟那些假裝是看守犯人的獄卒說：「我又沒做錯什麼事，我不要被捉。」或是告訴馬克：「我比較喜歡小朋友們假裝人而不是動物。」

田上圖是馬克執行他「當馬」的計畫，下圖是法蘭西絲馬上效法跟進

⊞ 法蘭西絲用了大部分的工作時間在教室裡爬來爬去之後說：「現在我需要到馬廄睡覺了。」

上述這些評論常會阻礙了幼兒的創作發明。但是如果成人的態度是，就算幼兒的扮演是亂七八糟、吵鬧或是呈現成人覺得不太恰當的行為，成人仍能鼓勵他們玩想像遊戲時，就不難發現幼兒在假裝遊戲中發展出許多重要的認知、社會和情緒技巧。當協同教學的成員坐下來討論和記錄有關上述他們所觀察到的遊戲情節時，使用了高瞻的幼兒觀察記錄做資源，他們注意到幼兒的個

⊞ 「坐在這裡，這裡是監獄。」崔說著，他和葛林用塑膠玩具的棍子把老師困在內

別能力發展。你可參考下頁表所列的一些教師的軼事記錄和幼兒觀察記錄的項目以及選擇配合各別軼事記錄的層次。

□幼兒觀察

自發性

教師的軼事記錄	高瞻幼兒觀察記錄項目和層次
馬克當天的計畫是要「當馬」。	A.表達選擇：(3)幼兒用簡短的句子顯示所想要的活動、活動的地點、材料或玩伴。
在工作時間，蘇在積木區的地板上放了塊空心積木，站在上面用高音唱歌。然後她在面對她所站積木的地方排了些椅子，並且請同伴來當「觀眾」。	C.參與複雜的遊戲：(3)幼兒獨自行動，以兩個或是兩個以上的步驟來使用材料或是組織遊戲活動。
在午休時間，塔弩卡用一些玩具車子——一輛挖土機、一輛卡車和一輛蒸汽碾路機——在她午休的睡墊上造一條新路。她先來來回回的推著挖土機，然後假裝把挖土機挖到的東西倒到卡車上。當她在睡墊上某一個地方挖和傾倒之後，她用碾路機慢慢地把那個地方壓平。她在睡墊的不同地方重複此活動。	C.參與複雜的遊戲：(3)幼兒獨自行動，以兩個或是兩個以上的步驟來使用材料或是組織遊戲活動。

社會關係

教師的軼事記錄	高瞻幼兒觀察記錄項目和層次
在工作時間，當蘇正站在積木上	H.參與社會問題的解決：(4)有時

唱歌時，布萊恩離開了他在觀眾席上的位置。蘇說：「坐回去，我還沒結束呢！」布萊恩坐了回去。	幼兒會藉著磋商或是用一些社交上可被接受的方法，獨自解決他們與其他幼兒間的社會性問題。
在工作時間，當蘇唱完之後，她告訴布萊恩拍手，他照做了。	F. 和別的幼兒產生關聯：(2)當別的幼兒引發互動時，該位幼兒做了回應。

創造性表澂

教師的軼事記錄	高瞻幼兒觀察記錄項目和層次
在回想時間，蘇解釋她剛剛站在空心積木上，雙手握著放在肚子上是在表演歌劇，而且她正在練習唱。	J. 製作和建構：(4)幼兒用材料來做一個簡單的表徵，並且說明或展示是什麼東西。
在午休時間，塔弩卡在她的睡墊上推著挖土機，假裝把挖到的東西倒到卡車上，然後用碾路機把剛挖的表面壓平。	L. 假裝：(2)幼兒用一個物品來代替另一個物品，或是用動作或聲音來假裝。
在工作時間，馬可在教室及桌子下爬來爬去，一旦有人擋了他的路，他就抬高「前腳」嘶叫。	L. 假裝：(3)幼兒假設某人或某物的角色，或是以適用於該角色的語言來說話。

語言和讀寫

教師的軼事記錄	高瞻幼兒觀察記錄項目和層次
在工作時間，蘇對著幼兒叫著：「找個位子坐下來，你們來當觀眾。」路絲是第一個坐下的。	Q. 了解語言：(2)幼兒遵循單一指令。

在戶外時間，麥克追著老師，抓住她的手並且說：「妳被逮捕了！」	R.說話：⑵幼兒使用超過兩個字的簡單句子。
在午休時間，塔弩卡向史蒂芬妮老師說：「我要一輛校車，這樣我就可以用這條新路載同學上學了。」	R.說話：⑶幼兒所使用的句子包含兩個或更多不同的想法。

 # 支持幼兒的假裝和角色扮演的遊戲

　　就像幼兒獲得其他能力一樣，你可以藉著擴展幼兒的行動、考慮幼兒個別的興趣和發展層次，來協助幼兒發展他們在假裝和角色扮演遊戲上的能力。當教師討論和記錄上述一些關於幼兒假裝遊戲的觀察時，他們會發展出一些支持這些遊戲的後續策略。大部分的策略都和幼兒所表現在表演、車子、跟監獄有關的遊戲，和動物擬人化方面的興趣有直接的關聯，教師也可以將這些策略運用到其他幼兒假裝遊戲的主題上。成功的鼓勵幼兒假裝遊戲的要點就是：仔細的觀察幼兒，以判斷幼兒興趣和能力之個別呈現方式。

 # 一般的教學和互動策略

✔在幼兒身邊玩，使用和幼兒一樣的材料或是和幼兒做相同的動作。當馬可在教室裡爬時，一位成人跟在他後面爬，馬可停他就停，模仿馬可的嘶叫，馬可奔馳，他也跟進；當蘇排好椅子要請她的同學來看她表演時，一位成人問蘇是否也可加入當觀眾，然

後此位成人安靜地坐著，專心地聽蘇唱歌和看她的姿勢。

✔扮演幼兒要求你扮演的角色。當卡琳和梅根假裝當小貓時，一位老師在他們旁邊的地板上躺了下來，並且發出貓叫聲。不久之後，老師就被她們邀請來當貓咪的姐姐了。

✔以幼兒的遊戲內容為基礎，提供其他點子來擴展幼兒的遊戲。當你如此做的時候，要小心不要遠離了幼兒原先的點子。注意幼兒不喜歡你提供的點子時所發出的訊息。例如，為了要擴展塔弩卡在造路上的興趣，一位老師戴上了工程帽，並且手上拿著鉛筆和記錄板到積木區要「檢驗工程進度」。塔弩卡的反應是「喔，再見！」然後離開了積木區。從觀察塔弩卡，教師了解到她比較喜歡教師坐在靠近她的地方，推著車子繞圈圈。

 # 增加室內和戶外的材料

表演

1 如果假裝表演已成為幼兒在最近遊戲中之一部分時，可以請父母們將他們看演出的節目單、看電影的票根，和一些他們與幼兒一起參加特殊場合的出席證留下來。把這些東西放在積木區或是娃娃家。

2 為了擴展幼兒對於演出的興趣，可以在音樂區多放一些不同種類的音樂錄音帶或是 CD，例如：搖滾樂、歌劇、鄉村音樂、藍調、影集音樂，和一些高瞻出版的動作錄音帶系列所包含的民謠曲風音樂。

✠ 「表演馬上就要開始了！」
愛瑪對著班上小朋友叫著，
這是她用來邀請那些對音樂
表演有興趣的小朋友來看他
們演出的方法

車子

3　為了擴展幼兒製造車子的興趣，可以在積木區放一些道具，讓
幼兒假裝是製造車子的工作人員（如：硬殼帽、工作服）。

4　可以在娃娃家和積木區放大的紙箱子，如此能夠提供一個有外
圍的空間來當動物的家或是當車子遊戲的目的地。也可以將大
紙箱切割出窗戶和門，把這些做好的大型建築物放在戶外的地方。
先把空紙箱放在戶外幾天，然後再加進小桌子、睡袋、枕頭或是柔
軟的坐墊。如果天氣許可，還可以將紙箱子放在戶外的遊戲場上，
看看它們會不會變成幼兒乘騎玩具的終點站。

✪ 在圖書區放個簡單的紙箱子，就變成茱蒂舒適的小貓睡藍

5 如果幼兒對監獄和執法有興趣，可以在積木區增加一些警察的道具（開罰單的本子、手銬、警徽）。

6 在室內和戶外規畫出小範圍的地方當假裝監獄用。這個空間應該有個外圍，但仍可看得到裡面的情形。在每個「監獄」內放一個小的睡墊、一張椅子和一些讀物。

動物

7 在娃娃家放一些尚未開封的貓食和狗食罐頭，以及一些貓、狗和鳥飼料的空盒。還可放一些狗鍊、頸圈和食盆，及動物娃娃。

8 在圖書區可以放一些關於照顧動物的故事書和一些介紹動物及
牠們習慣的圖片，例如：Madeline Sunshine 的《小狗之愛》
（*Puppy Love*），Laura Joffe Numeroff 的《如果你給老鼠一塊餅乾》
（*If You Give a Mouse a Cookie*）以及 Judy Dunn 的《小兔子》（*The Little Rabbit*）。

# 計畫和回想的經驗

表演

1 基於幼兒喜歡表演的興趣，你可以將計畫小組的椅子排成半圓型。在椅子的前方放一個大型的空心積木當舞臺。幼兒輪流站在空心積木上面對著其餘的幼兒，一邊說明他們的計畫或是回想他們工作時所做的事，一邊以他們自己的方式來表演。如果每天都增加一點小道具，這個方式還可以重複使用許多天呢！例如：連著四天都用這樣的方式，只是每天所增添的道具不同，例如：(1) 麥克風和擴音器；(2)樂器；(3)錄音機，和(4)分給觀眾的節目單，上面列著幼兒輪流計畫和回想的順序。有些幼兒也許在工作時間裡會想使用這些道具，所以別忘了將這些道具放在幼兒可以拿得到的地方。

車子

2 為了擴展幼兒在建造汽車上的興趣，你可以帶著你的計畫／回想小組和一輛挖土機到沙桌那兒。設計幾個容器來代表你教室裡的學習區，做幾個小紙旗子，上面有著代表各學習區的標幟，將這些旗子貼在容器外面。幼兒用挖土機挖沙倒到那個代表他們要去玩或是剛剛在那兒玩過的學習區罐子裡。你也需要了解到，由於你使用這樣的方式作計畫／回想，幼兒可能會將一個學習區中的東西

✠ 基於卡洛琳喜歡表
演的興趣，這位老
師和卡洛琳一起玩
收拾的遊戲，由卡
琳假裝拿著麥克風
告訴老師接下來要
收拾什麼

移到另一個學習區去玩。例如，他們可能會在沙桌上玩卡車而不是
你原先放卡車的地方。

3　帶一些小的玩具車到作計畫／回想的桌子那兒，讓每位幼兒面
　前都可以有輛車子。把所有代表各學習區標幟的卡片擺出來，
請幼兒把車開到計畫去玩或是他們在工作時間玩得最盡興的學習區
中。可以準備一組類似的車子放在袋子裡，抽到和誰一樣的車子就
輪到那位幼兒作計畫或是回想。

4　這個策略是為了接續第68頁的「小組經驗」策略3所設計的。
　在小組時間裡，請幼兒自己找個同伴配對，給每對幼兒一個上

了色的紙箱。請幼兒坐在紙箱裡，假裝他們正開著校車要到學校或是從學校要去接小朋友。鼓勵幼兒跟他們的搭檔聊一聊他們的計畫或是在工作時間裡做的事情。在工作時間裡，有時幼兒會為了要如何繼續他們在箱子裡的工作而有衝突，成人要協助幼兒解決紛爭。在另一天裡，排上兩兩併排椅子也能提供類似的談話效果。這樣的座位安排也可以用在小組幼兒（非兩兩成對）作計畫或回想時。你可以到汽車修理廠找個方向盤給幼兒做為描述他們計畫或是經驗的道具。如果他日你要再將此方式做一些變化，你可以帶小型的玩具校車和小玩具人到作計畫／回想的桌子那兒。用小玩具人當道具，依著幼兒想去工作的學習區或是剛剛他們玩過的學習區，幼兒可以告訴校車司機他們要在哪裡下車。另一個延伸這種方式的做法就是：將代表各個學習區的標幟卡放在作計畫／回想的桌子上。當校車停在那張卡片上時，就可以請想在那個學習區玩或是剛剛到那個學習區玩的幼兒分享他們的想法或經驗。

監獄

5 如果和監獄有關的遊戲開始在你的教室流行起來了，你可以在一個有外圍的小空間裡和幼兒一起作計畫，讓幼兒有種在牢房內的感覺。拿出代表各個學習區標幟的卡片，而且請幼兒假裝他們被關在一間間的牢房裡。請幼兒想想，如果他們有鑰匙可以打開牢房，請他們在卡片上做選擇，哪裡是他們最想去玩的地方呢？哪一位幼兒先做完計畫，你就拿出一把紙板做的大鑰匙，假裝打開他的牢房，讓他先離開去進行他的工作時間。

動物

6 為了延伸幼兒對有關馬的遊戲之興趣，可以在教室內放一個真的馬鞍，並且把它綁在一段鋸下來的樹幹或是其他牢固的東西上，請幼兒聚在它的四周。坐在馬鞍上的人講述他的計畫，然後像

✠ 這位小朋友用美
　勞材料表現出她
　對車子的興趣

馬一樣的奔馳到他想要去玩的學習區。你可以依著班上幼兒最近所
喜歡上的動物，而將這個方法做些調整和改變。例如：你可以讓幼
兒像貓蜷縮在籃子裡一樣地作計畫／回想，或是坐在紙板做的狗屋
裡，或是鳥窩中等等。

7　一天用動物玩偶，一天用塑膠動物，請每位幼兒選他要當的動
　　物並且向其他的「動物們」講述他工作的點子。

✥ 如果計畫的活動非常地有趣，幼兒想用工作時間來繼續這樣的活動也請不要驚訝。就像教師本來是用這些相片中的玩偶來當計畫用的道具，而這些幼兒決定要用他們工作時間來繼續玩這些玩偶

☀ 小組經驗

表演

1　　如果你觀察到班上的幼兒假裝在演出，不妨安排一次到當地劇場或是禮堂的戶外教學，讓幼兒可以自由地探索舞臺和座位。可能的話，留久一點，讓幼兒可以看一下預演，和穿著戲服的表演

者互動或是看他們上妝。

2 　將坐椅排成類似禮堂或是電影院的樣子。幼兒選位子坐的時候，給他們一張票根。在前面像舞台的地方唸《在帽子裡的貓》（Dr. Seuss's *The Cat in the Hat*），讓幼兒在座位上吃他們的點心——爆米花和果汁。然後請幼兒表演出他們所記得的部分。例如：如果幼兒所記得的是貓帶著收拾的機器進來，他們可以發出像機器一樣的聲音在教室內移動並且假裝用機器撿起玩具。

車子

3 　如果你那組的幼兒對車子有興趣，可以試試這個方式。收集一些夠大的紙箱讓幼兒可以坐進去。一旦每位幼兒都能有一個紙箱時，你就可以和幼兒一起帶著紙箱到戶外或是在教室裡空曠的地方。準備好各式大小的油漆刷以及黃色、黑色和紅色的廣告顏料。讓幼兒為箱子的裡外上色。等箱子乾了之後，你可以用這些箱子來當計畫和回想時間的車子。

4 　打電話給市府的道路中心詢問一下當地的道路工程。計畫一下戶外教學，帶幼兒去看看大型工程車運作的情形。協助幼兒注意不同工具所發出的聲音和味道。回到學校之後，給幼兒麥克筆、蠟筆和紙，看看幼兒會不會想要畫出他們剛剛的經歷。

5 　請地方的保育站捐獻一小堆的泥土或是沙子到學校來。在沙或土的旁邊放一些各式各樣的大型裝土卡車、挖土機、圓鍬、拖車和桶子，看看幼兒怎麼從一個地方把土或沙搬到另一個地方。稍後可以用這些土來種花，為春天的花園主題設計一個小小的花圃。

6 在每一個籃子裡放一些小車子（挖土機、垃圾車和校車、混泥車、起重機）讓每位幼兒使用。所選的車子最好能有幼兒可以操弄移動的部分。提供一些從戶外收集的零散材料（例如：小樹枝、葉子、核果、毬果和被揉起來的紙團），讓幼兒可以用他們的車子一起玩。

7 建議幼兒用小車子沾廣告顏料來畫畫。幼兒可以用輪子來沾廣告顏料並且將其在紙上滾動。鼓勵幼兒注意不同車輪所留下的痕跡。

✛ 由於教室內收集著許多的小車子，讓這位幼兒能夠呈現她所看過的採櫻桃時車子運作的情況

監獄

8 基於幼兒對監獄的興趣，鼓勵幼兒投入創造性的說故事接龍。教師可以先用一個句子起頭，然後讓幼兒用他們自己的話接下去。當故事繼續發展，可以藉著加入一些和幼兒的話有關的動作或聲效來使這個經驗更活潑一點。例如：你可能是這樣起頭的：「今天來學校的路上我看到一輛警車響著警笛（發出警笛聲），而且燈還一閃一閃的（你的手做出快速的開合代表燈一閃一閃的樣子）。當我靠近看時，我看見我的朋友葛瑞塔在車裡。她對女警說：『＿＿＿＿＿＿＿＿＿』（讓幼兒來完成這個句子）」。用動作和聲效來搭配幼兒的想法時需具創意。如果幼兒說：「對不起，我的輪胎爆了。」你可做出氣體漏出的聲音，好像氣體從輪胎內逃跑一樣。如果幼兒對說故事接龍還不是很熟悉，你可能需要重複幼兒的說詞，再加上個句子讓幼兒去完成。例如：對剛剛那個說輪胎爆了的幼

兒，你可以說，「女警說：『妳的輪胎爆了，好吧！那我們可能需要叫＿＿＿＿＿＿＿。』」

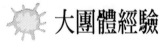

9 如果你那組幼兒喜歡和動物有關的遊戲，你可以提供每位幼兒一個小的塑膠動物和其他可供創造性建構及說故事的材料。可能增加的材料（不是一下子都加進去，而是連著好多天逐漸加入）包括：黏土、一吋立方的積木、骨牌、毛線、繩子、瓶刷、積木、迴紋針和刮鬍膏。

10 唸 Maurice Sendak 所寫的《野生動物在哪裡》（*Where the Wild Things Are*），請幼兒表演出書中所談到的部分。在做這個活動時，給幼兒足夠他們移動的空間，並且提供鼓勵大動作和大聲移動的音樂（例如，高瞻動作錄音帶系列的第三集「愛爾蘭清潔婦」）。為了增加趣味，可以把幼兒帶到樹木繁茂的地方讓幼兒模仿書中有關森林的部分。

11 給每位幼兒一個像皇冠一樣的紙環讓幼兒去裝飾（好像Sendak書中麥克斯戴的帽子）或是讓幼兒拿著紙捲軸（像權杖）。提供裝飾的材料，例如：麥克筆、蠟筆、水彩、貼紙、印章及打洞器，和含發亮五彩碎紙的膠水。幼兒可以保留他們的創作到要跳動物狂歡舞時用。

☀ 大團體經驗

表演

1 在你觀察到教室裡出現假裝演出的活動之後，將大型的積木圍成一圈讓幼兒和成人站在上面。大家可以一起唱一些大家都熟

悉的歌，或是用其他的唱法來唱。例如，你可以用高音來唱「Baa，Baa，黑綿羊」，然後用低音唱「小星星」。你也可以請幼兒用不同的音量來試試看——大聲唱或輕聲唱，很小聲的唱或無聲唱。

✠ 在參觀過附近的高中樂隊練習之後，幼兒拿著他們的「樂器」在練習

車子

2 可以將「巴士上的輪子」（The Wheels on the Bus）中的「巴士」部分改成別的車子來唱。例如：

> 黑色的笨重卡車上上下下，
>
> 上上下下，上上下下。
>
> 黑色的笨重卡車上上下下。
>
> 在城裡到處轉。

幼兒也可加入另一些歌詞。

監獄

3 藉著唱或唸下面的歌，來為幼兒對監獄和警察的興趣提供另一個方向：

警察伯伯，警察伯伯，

你看起來好高，（站起來）

當你把手舉起來時，（伸出手來）

所有的車都為你停。

在唱完之後，激發幼兒思考若車子未停下來會怎樣？以下這一段是包括幼兒的想法在裡面，例如：

警察先生，警察先生，

你看起來好生氣，

假如車子靠右開，

你會把手舉起來。

警察先生，警察先生，

駕駛先生進監獄，

假如車子靠右開，

你會把手舉起來。

動物

4 以「奔馳的馬」（Horses Galloping）的歌來唱和做動作。如果可能，指定出一個範圍讓幼兒圍著它跑，例如：一張大的地毯。重複地唱下面四句歌詞：

馬兒快跑，快跑，快跑，

躂啦，躂啦，躂啦，（馬蹄聲）

馬兒快跑，快跑，快跑，

直到紅燈才停。

幼兒可以「馬兒快跑」的詞變換成其他動物來搭配，例如：「老鼠嘰嘰叫」、「小豬噗噗」等不同。

5 用動物的特質來玩冰凍動作的遊戲。請幼兒提議一種大家可以假裝的動物和該動物會做的動作。例如包括：馬的奔馳；貓咪的叫聲、磨爪和伸懶腰；狗叫；青蛙跳；像蛇一樣的爬行；像鴨子

一樣的搖擺走路；或像鳥一樣的飛。請幼兒隨著音樂（例如：高瞻動作錄音帶第九集中的「Salty Dog Rag」）模仿動物的動作和聲音，當音樂一停，每位幼兒就停在他的最後一個動作上。

6 提供在小組經驗11（頁70）中所做的頭套和紙捲軸，並放音樂請幼兒戴著頭套跳舞。如果要將此活動做變化，可以增加一個對話開始的訊號，變換音樂的速率，如此幼兒可以比較一下在不同音樂速度之下，他們要維持頭套平衡的難易。

 在愛迪的提議之下，大團體時間裡大家繞著圓圈走並唸著：「老鼠嘰嘰叫，老鼠嘰嘰叫，老鼠嘰嘰叫……」。之後，他們嘗試梅根的點子：「貓咪磨爪」

☀ 從觀察幼兒中我們學到了什麼

本章中，我們提供了相當廣範的教學策略，目的是希望用來支持幼兒在假裝遊戲情節的表演、車子、監獄，和動物的興趣。下面我們將呈現在這些策略的施行之下，幼兒學習經驗的軼事記錄。老師們將這些觀察依著高瞻重要經驗的項目加以分類。

□幼兒觀察

創造性表澂

- 在計畫時間，亞力斯在土堆上前前後後地推著挖土機，而不是將土倒進標示有學習區的空罐中。
- 在計畫時間，他們坐在紙箱裡，琦莎告訴哈維：「校車經過了段崎嶇不平的路。」她接著開始讓身體上上下下地彈跳，並且要哈維也做相同的動作。
- 在小組時間，傑姆斯將小型塑膠動物塗滿了刮鬍膏。他告訴成人說動物被「困在暴風雪中」。

語言和讀寫

- 在早上的打招呼時間裡，卡麗走到圖書區從頭至尾地翻閱著 《野生動物在哪裡》。在翻前幾頁時，她說：「壞麥克斯。」等她翻到最後幾頁時，她說：「還是熱的。」
- 在大團體時間，當大家唱著 「巴士上的輪子」時，蘇建議加句歌詞：「卡車後的鉤鉤掛了輛小汽車。」
- 在小組時間，創造性故事接龍的時間裡，馬可說：「你沒辦法逮捕我，因為我有神奇的力量。」

自發性和社會關係

- 在計畫時間，別人還沒到達桌子前，塔弩卡拿著她的小汽車，把它開到有積木區標示的圖卡上，然後說：「這是我的計畫，再見。」然後她離開計畫桌進入積木區開始工作。
- 在工作時間，當喬登說：「女生不能開卡車。」愛比說：「我爸爸會跆拳道。」

動作

- 愛比拖著裝滿土的拖車繞著院子走三次。
- 在大團體時間，當有人提議要「像蛇一樣的滑溜」，傑姆斯趴在地板上蠕動橫過地上舖的毯子。
- 在馬鞍上作計畫時，馬可前後搖擺，然後跌落下來，說：「牠把我摔下來。」

音樂

- 蘇帶著一個長的木製積木到音樂區，放上了音樂帶，假裝照著音樂的節拍擊打積木。
- 在大團體時間，亞力斯要求要慢一點的音樂，「因為太快的音樂使我的手臂很累。」

分類

- 在計畫時間，塔駕卡從袋子裡抽出一輛玩具校車說：「現在輪到米卡了。」（米卡握有相同的校車。）
- 在工作時間，正當用畫板畫畫時，亞力斯說：「看！我用刷子畫了條長線，然後輕輕拍打。」
- 在戶外時間，傑姆斯說：「蛇不會飛，鳥會。」

序列

- 在戶外時間，拖車上裝滿了土之後，凱特琳告訴凱爾：「我們再做一個不這麼大的。」
- 在大團體時間，玩「動物狂歡」時，馬可說：「我剛剛很快，可是等一下我要更快一點。」
- 在工作時間，愛比在靠近音樂區的地方玩，她對著放錄音帶的幼兒說：「太大聲了，弄得我的耳朵都疼了，把它弄小聲一點。」

數目

- 在「監獄」裡作計畫時，可琳說：「等到四個人都做完計畫再把門打開來。」等到第四個人計畫完時，她說：「可以開門了。」
- 琦莎在工作時間時，在每輛小車子上放兩根小樹枝，然後她說她要把車開到垃圾場。
- 在計畫時間，布萊恩說：「這裡的椅子不夠所有的小朋友坐。」他轉身到電腦區去拿了兩張椅子過來。

空間

- 在小組時間，馬可拿著瓶刷把它弄成環狀，然後將它放在玩具狗的脖子上。
- 在回想時間，有人提議要用下一首歌來學貓叫，塔弩卡問道她是否可以在桌子底下學貓叫。
- 在小組時間，當愛比正在裝飾她的野生動物頭套時說：「我要先放藍色，藍色旁邊放紅色，然後把亮晶晶的東西擠在中間。」

時間

- 在工作時間，玩電影票根時，茱麗告訴另兩位幼兒說：「我很久很久很久很久以前看過這個，那時候唐納德還是個小嬰兒。」
- 在小組時間，亞力斯把一吋立方的積木排成圓圈，然後在每一塊上面放一個小的塑膠動物，然後說：「現在這是大團體時間。」
- 在計畫時間，蘇說：「昨天我們看到大機器，今天我要戴工程用的硬殼帽子。」

成人的訓練活動

這個訓練活動讓教師練習針對幼兒在他們的假裝遊戲中所表現出某些特別的興趣，發展出支持性的策略。

1. 請所有參與此活動的成人讀下面的述說：

在工作時間，你觀察到傑姆斯和南內特在娃娃家穿著華麗的衣服。然後，傑姆斯拿了張椅子，南內特背靠著水槽坐了下來，她把頭往後仰，傑姆斯假裝在洗她的頭髮。然後換南內特幫傑姆斯洗頭。 接著他們到美勞區找了細長的彩色鉛筆，開始在彼此的臉上畫了起來，然後又用彩色筆在彼此的指甲上塗色。最後他們走到一位成人的面前說：「你可以幫我們證婚嗎?」

在戶外時間，你看到愛瑞卡推著她自己拼組的大型玩具在草地上走來走去，你也做類似的東西並且模仿她的動作，然後她告訴你：「我已經割過那裡的草了，你可以割這邊的草啊！」同時，愛林在兩大塊拼組玩具中間穿上一根棒子，並且重複的舉起和放下它。她把東西拿給西西麗雅說著：「拿著，這會使妳強壯。」

一位小朋友在過去三週內和他的家人坐火車到加州去探訪親戚。這家人在那裡時，到狄斯耐樂園玩並且在一個有游泳池和按摩池的旅館中過夜。

2.請參與者發展出數個支持關於一個或一個以上之上述事件的策略，但必須符合下面的項目。在每一個下列項目中的第一項是供你做參考的例子。

一般的教學和互動策略

a. 在你割完愛瑞卡要你割草的部分之後，停下來並且等候她的反應。例如，如果她說：「謝謝！現在請割這邊。」你就移動你的「割草機」到她所指定的地方。

b.

增加室內和戶外的材料

a. 在戶外的地方可以增加耙子、鋤和圓鍬。

b.

計畫和回想的經驗

a. 可以在計畫或回想時間裡用一些美髮的道具，以加強幼兒對這方面的興趣。穿斗蓬的人對著拿梳子的人作計畫或是回想。

b.

小組經驗

a. 提供一些可以組合和拆開的玩具或材料。

b.

大團體經驗

a. 以下是帶動唱：

第一段：

火車就要進站了，喔耶！

火車就要進站了，喔耶！

火車就要進站了，

火車就要進站了，

火車就要進站了，喔耶！

以這樣的順序唱下面的節數：

第二段：來這裡拿你的車票。

第三段：上山怎麼這麼慢。

第四段：下山怎麼這麼快。

第五段：開進了車站就——慢下來了。

b.

自然

觀察植物、動物和天氣

戶外時間，凱菈突然在走道中間停下了她的腳踏車。她從車上下來，趴在地上，眼睛盯著一隻正在跨越走道的螞蟻。稍後，她叫著要老師過來看看她在一片葉子下面發現的毛毛蟲。隔天，她注意到她昨天看的那片葉子從樹上掉了下來，毛毛蟲仍在上面，只是看起來有點不一樣。凱菈拿著葉子和毛毛蟲去找老師，老師告訴她，毛毛蟲乾死了，因為毛毛蟲需要葉子當牠的養份才能變成蝴蝶。然後，凱菈問老師：「我能不能到裡面去拿一些膠帶，這樣我就能把葉子黏回樹上了。」

凱西隔著遊戲場呼叫茉麗雅、愛瑪和喬登，他們三個正在盪著輪胎鞦韆：「你們一定不會相信的！快點過來，快點過來！」只有茉麗雅過來。她們一起彎著腰仔細的看著地面。「花兒，花兒開花了，小小的紫色花。耶！耶！耶！」隨著凱西的歌聲她們上上下下的跳著。

一個星期一的早上，唐納德的媽媽——安布森太太說，她和家人週末到姊姊家探訪。她解釋她的姊姊家附近有個樹林和池塘，她和家人在那兒抓到了些蝌蚪，她和唐納德想把蝌蚪帶給班上的小朋友看。她談到當她和唐納德在林子裡散步時，唐納德注意到許多不同動物所留下的痕跡，常常停下來問：「媽媽，誰留下這個記號的呢？」當媽媽和老師談到此時，唐納德拿著裝蝌蚪的罐子到早晨大家打招呼道早安的地方，把罐子擺在地上。當麗雅把鼻子靠在罐子上時，唐納德說：「看！牠們在裡面游來游去。」當打招呼的時間結束時，老師請唐納德找個安全的地方放他的罐子，他回答：「放在置物櫃上面。」

 蹲下來，讓你跟幼兒差不多高，讓幼兒知道你分享他們的興趣，並且願意在他們探索自然時，和他們互動

　　亞力斯正利用戶外時間在挖蟲子。手上握著一隻挖到的蟲子，他走向一位成人說：「看我找到什麼！」這位老師注意到他的努力說：「你找到了一隻會扭來扭去的蟲子。」「對啊！我要再用圓鍬挖挖看，看我能不能再找到十隻。」亞力斯說。他又開始挖，很小心地把他新挖到的蟲子一條條地排在走道上。

　　正在戶外時間要開始時，一陣大雷雨開始了。關掉教室的燈之後教室就突然變黑了。雷聲隆隆，閃電閃爍，傾盆大雨打在玻璃門上。一些幼兒聚在圖書區，這裡是平常戶外時間被取消時，大家聚在一起的地方。另一些幼兒跟著菲利普老師站在窗口往外看。有些幼兒留在小組活動的桌子那兒繼續他們的工作。

愛瑞卡在娃娃家拿著玩具電話筒，撥了些號碼然後說：「布瑞特，妳最好趕快來接我。」她到門口等了幾分鐘之後又跑回來撥電話：「119，快來接我，這裡有暴風雨。」最後，她抱著娃娃坐在圖書區的抱枕上小聲地哭了起來。幾分鐘之後，三歲的葛林用手搭著愛瑞卡說：「別擔心，天使們正在野餐，而且他們正在滾動啤酒木桶。」

支持幼兒的戶外學習：成人的角色

幼兒對自然界充滿著好奇，在觀察周遭的世界時，他們常會注意到許多的相似處和相異處；外在世界不斷地改變也使他們覺得非常的神奇。觀看幼兒如何探索戶外的環境是成人的榮幸，因為我們常常能對個別幼兒的興趣和能力有更好的了解。例如，有些幼兒在室內時總是以某種方式遊玩，但戶外的環境常能打破那原有的遊戲形式。以西西麗雅為例，在室內的時候她常常自己玩，而且不論到哪總是帶著她那條最喜歡的小被被。然而在戶外時，她有時候會變得非常地吵鬧，也會跟別人玩。一天，就當老師正要爬梯子時，她還以充滿戲劇性的方式阻擋了通往樹上小屋的去路——西西麗雅伸出了腿，指著老師說：「妳不能上來，因為我有神奇的力量。」另一個明顯的例子是歐迪。歐迪在教室裡的計畫總是包含了許多和其他幼兒一起的肢體活動，他特別喜歡和同伴們一起從樓梯或是家具上跳下來，或是移動圖書區的椅子、沙發和書櫃。但是在戶外時間，歐迪卻常常安靜地自己玩。一天的戶外時間裡，歐迪躺在外面的地上看著天空。一位成人躺在他附近，聽到他說：「這些雲看起來像棉花糖，可是它們移動得好慢哦！」

有些成人尚未準備好要加入範圍廣闊的戶外遊戲之中。就像上例躺在草地上的做法，有些成人就不太能接受。然而，在高瞻的教

學裡,成人在戶外時間的角色和他們在工作時間的角色是差不多的,我們鼓勵成人要主動地參與幼兒的遊戲。有時候成人會想把戶外時間當成是他們休息的時間,我們希望成人能把他們的注意力放在幼兒的興趣和遊戲想法上。當成人協助幼兒探索和經歷戶外世界時——包括自然界的材料,如:葉子、石頭、貝殼、樹枝和土,以及由風、霧、雨、陽光和雪等所造成的環境變化——成人正幫助幼兒發展對自然的興趣。同時,成人也支持了廣泛的認知、體能和社會學習的經驗。

✠ 當成人努力地追隨幼兒對周遭世界的熱忱和好奇心時,幼兒會了解到他們的興趣是很重要而且是受到重視的

本章開頭時敘述的軼事記錄是一些非常典型的戶外學習經驗。為了了解幼兒在這些事件中的學習,老師們用高瞻的幼兒觀察記錄為架構,以發展的觀點來分析他們的觀察。在下表軼事記錄旁邊的是和它對應的幼兒觀察記錄項目和層次。

□幼兒觀察

自發性

教師的軼事記錄	高瞻幼兒觀察記錄項目和層次
在戶外時間，亞力斯把挖到的蟲子給貝絲老師看了之後說：「我要再用圓鍬挖挖看，看我能不能再找到十條。」	A.表達選擇：(4)幼兒用很短的句子顯示他要如何執行他的計畫。
在戶外時間，凱菈注意到一條乾死的毛毛蟲掛在一片掉落的葉子上。她問卡蘿（老師）：「我能不能到教室去拿些膠帶把葉子黏回樹上。」	B.解決問題：(3)幼兒用一個方法去嘗試解決一個問題，但如果不成功，試了一兩次後就放棄了。
在戶外時間，凱菈在走道上騎著腳踏車，接著停下來，觀看一隻小螞蟻橫過路面。	C.參與複雜的遊戲：(2)幼兒顯示出對簡單地使用材料或是參與活動的興趣。
在小組時間，暴風雨來臨，愛瑞卡走到娃娃家，拿起電話筒，撥了幾個號碼後對著電話說：「布瑞特，妳最好趕快來接我。」她到門口等了幾分鐘之後又跑回來撥電話：「119，快來接我，這裡有暴風雨。」最後，她抱著娃娃坐在圖書區的抱枕上小聲地哭了起來，說著：「我要暴風雨停下來。」	C.參與複雜的遊戲：(3)幼兒獨自行動，用兩個或是兩個以上的步驟來使用材料或是組織遊戲。

社會關係	
教師的軼事記錄	高瞻幼兒觀察記錄項目和層次
在戶外時間，亞力斯手上握著一隻挖到的蟲子，跑向貝絲（老師）說：「看我找到什麼！」	E. 和成人產生關聯：(3)幼兒主動和熟悉的成人發生互動。
在小組時間，在葛林用手臂搭著愛瑞卡，告訴她別為暴風雨擔憂之後，愛瑞卡把身體靠近葛林。	F. 和別的幼兒產生關聯：(2)當別的幼兒主動來與其互動時，幼兒加以回應。

邏輯和數學	
教師的軼事記錄	高瞻幼兒觀察記錄項目和層次
早晨在打招呼的時間裡，老師請唐納德找個安全的地方放他的罐子，他回答：「放在置物櫃上面。」	CC.描述空間關係：(3)幼兒用語言來描述物體間相對的關係。
在戶外時間，凱西上上下下的跳著，並且唱著：「花兒，花兒，花開了。」	CC.描述空間關係：(4)幼兒用語言描述物體移動的方向。

 # 支持幼兒對於自然的好奇

幼兒在戶外活動的學習，會受到主要照顧者行動和態度的影響。參考一下亞力斯的軼事記錄，他很驕傲的給老師看他所挖到的蟲子；如果老師的態度是：「哇！亞力斯，蟲子很髒而且有細菌。請把它放回地上，到裡面去把你的手洗乾淨。」亞力斯的好奇心可

能就會受到抑制了。同樣的，如果有位成人告訴凱菈：「趴在腳踏車專用道的中央是很危險的，妳應該趕快站起來！」她對螞蟻的好奇心也可能被減弱。

　　成人回應幼兒探索的快慢，也會對幼兒的學習有所影響。有些時候，成人需要稍微慢一點，因為太快地介入幼兒的活動會干擾或是打斷幼兒的學習。在暴風雨的事件中，當愛瑞卡打電話求助時，老師的第一個衝動是跑過去安撫愛瑞卡，但是這樣做會剝奪了愛瑞卡和葛林用自己的方法處理情況的好機會。有些時候，老師快速的回應是恰當的，例如，很快地針對幼兒新找到的興趣提供額外的材料和經驗，以擴展幼兒的學習。就像唐納德的老師很快地在教室裡挪出地方讓他放蝌蚪一樣。藉著如此的回應，老師協助唐納德把家中的活動和學校的生活做了連結，並且提供了長期學習的經驗。

✣ 幼兒們在戶外發現了毛毛蟲之後，老師講《好餓的毛毛蟲》給他們聽

接下來，我們將以本章開頭的軼事記錄中，幼兒所表現出對植物、螞蟻和毛毛蟲；蝌蚪和池塘；泥土和蟲子以及雷雨的興趣，來說明支持幼兒探索自然的策略。

✠ 老師在戶外環境中的角色和在室內的角色是一樣的——隨著幼兒所發出的訊息來觀察和支持幼兒的興趣

 ## 一般的教學和互動策略

✔讓幼兒實驗和執行他們的想法，即使你知道他們的想法是行不通的。當凱菈問她能不能把帶著毛毛蟲的葉子黏回樹上時，老師雖然知道這是沒法把毛毛蟲救回來的，可是他們仍然鼓勵凱菈去嘗試她的想法。如果隔天毛毛蟲仍如原狀地掛在樹上，那麼，凱菈就有機會可以談談她的觀察以及她的失望和傷心了。

✔請記得，有時你最好的互動策略僅僅是在一旁觀看和記錄幼兒做了什麼以及他如何反應。例如，在大雷雨時，老師從愛瑞卡和葛林不同的反應中對他們倆有更多的了解。在工作時間裡，愛瑞卡常常投入於角色扮演的情境中，所以可以理解的，她也同樣以想

像力來幫助自己面對暴風雨所為她帶來的不舒適。當她開始小聲的哭泣時，老師決定先不介入，讓葛林有機會去支持她。對於葛林的觀察，讓老師了解到葛林是有能力考慮別人的感受的。

✔**給幼兒機會，讓他們可以用他們自己的話來描述那些對他們而言具有意義的經驗。**在唐納德帶蝌蚪到學校之後，一旦有幼兒問起蝌蚪是什麼，或是牠們從哪裡來的，老師都會請唐納德來回答這些問題。當有幼兒問起「什麼是池塘？」老師也會再次請唐納德發揮一下他的專長：「唐納德，梅根想知道什麼是池塘，你能不能告訴她你看到的池塘是什麼樣子呢？」

✔**你對幼兒興趣的支持要跟得上幼兒的熱忱。**當茱麗和凱西發現那些正直開花期的番紅花，一位老師也跟著他們一起興奮的上上下下跳著。同樣地，當亞力斯發現蟲子並且帶來給老師看，而且還說著他要再挖十條時，老師就想著她可以怎麼樣支持亞力斯的新計畫。過了一會兒，當她看到他又挖了一些並且把牠們排在走道上時，她決定要去協助他達到目標。她走到亞力斯的身邊並且開始挖了起來。就這樣他們一起挖著，並且把挖到的蟲子一條條排著，直到亞力斯宣稱蟲子已經夠多了。

✛ 藉著鼓勵幼兒用自己的話來描述他們在教室以外的經驗（像抓這些蝌蚪一樣），幼兒會了解到他們的想法和興趣在教室裡是受歡迎的

增加室內和戶外的材料

1 為了延伸幼兒對花以及它們是如何成長的興趣，老師可以帶幼兒到附近的花市去，讓每位幼兒挑選一些發了芽的球莖。提供各式挖鑿的工具（如：湯匙、圓鍬、鋤、耙），並且讓幼兒把一些球根種在個別的瓶子裡，一些種在地上。觀察並且記錄幼兒對他們所種的植物成長和開花的反應。讓幼兒把他們種在瓶罐中的那些植物帶回家。

2 剪下一些樹枝，把它們插在水罐中讓幼兒觀察冒出的新芽。馬栗、連翹屬和木蘭類的植物都適合於這樣的用途。讓幼兒有機會去聞一下不同植物的味道；紫丁香開花時，也可以把它的枝子放到教室裡來。

3 和幼兒一起在室內和戶外種一些可以長得很快的東西，例如：小麥草、苜蓿、利馬豆。（如果把苜蓿種子放在一個潮濕的罐子裡，每天澆水，所發出的芽可以食用哦！）

4 在螞蟻經常爬出的洞口附近挖一圈淺溝，在溝內放置一些食物碎屑來引誘螞蟻。和幼兒一起觀察螞蟻如何聚集和搬動食物。

5 把 Eric Carle 所寫的《好餓的毛毛蟲》（*The Very Hungry Caterpillar*）放到圖書區的書架上。為了讓故事的情節能活生生地出現在幼兒的面前，可以將書中所出現的食物項目放大比例畫出來，再將其順著形狀剪下來加以護貝。圖片要夠大，我們才能在每張圖片中央剪出一個幼兒拳頭大小的洞。（這有點類似書本身的設計，每一頁都有個手指頭大小的洞）。提供一些長筒襪，讓幼兒的手和前臂都能套上襪子。當幼兒在講述這個故事時，鼓勵他們使用這些

圖卡當道具，並且把一隻手套上襪子穿過洞洞，好像毛毛蟲在吃這些食物一樣。

蝌蚪和池塘

6 如果有幼兒像唐納德一樣，正興奮於最近發生跟蝌蚪或是其他池塘中生物有關的經驗，把裝有蝌蚪的罐子放在教室內與幼兒眼睛平齊的地方。還可在旁邊放置一些放大鏡，讓幼兒更容易觀察蝌蚪在水中游動的情況。

7 把幼兒在小組經驗中所收集到池塘的東西帶回學校，把它們放在幼兒所建議的地方。（參考後面的「小組經驗」策略 4）

泥土和蟲子

8 為了擴大幼兒對於觀察蟲子的興趣，可以用透明的空罐子交替地填入一吋的沙和土製作成兩罐養蚯蚓的罐子。每一罐中放入幾條蚯蚓，在最上面的地方蓋上一層的落葉。把其中一罐打開來放在外面讓幼兒觀察，另一罐用黑布包起來，然後告訴幼兒你要把這罐這樣放五天。為了協助幼兒算一下什麼時候可以移去黑布，你可以吹五個氣球，每過一天就刺破一個氣球，等到沒氣球了就把黑布拿開。鼓勵幼兒比較兩個罐子中，蚯蚓活動的情況有什麼不同。

9 在班上的家長幫忙之下，你可以做個小小的堆肥。可以利用幼兒喜歡分門別類的特質，鼓勵幼兒在每次的點心或是用餐後，將盤子、餐具、食物碎屑，和廢紙加以分類。你可以和幼兒一起選一些分類的項目，例如：「要丟到垃圾筒的東西」、「要放在洗碗機裡的東西」、「可以資源回收的東西」、「可以做堆肥的東西」。鼓勵幼兒去找找會吃堆肥的蟲子。

10 在幼兒興趣的促進之下，你可以將沙桌的沙子倒掉，放上砂磚、泥土或是小卵石。旁邊放一些湯匙、圓鍬和一罐的塑膠蟲子。觀察幼兒如何埋、找蟲子和挖蟲蟲洞穴。

11 雷雨之後，在水桌處增加各式的噴灑瓶，另外在戶外也可增加
一些水管、噴嘴和灑水器，讓幼兒可以假裝去製造他們自己的
暴風雨。

12 在娃娃家放一些雨衣、雨靴、雨帽和雨傘。

13 在音樂區放一些閃光燈、鼓和其他可製造噪音的樂器，讓幼兒
可以假裝去製造他們自己的閃電和雷聲。

14 在圖書區放一些相關的書籍，如：Peter Spier 所寫的《雨》
（*Rain*）和 Julian Sheer 所寫的《雨製造蘋果醬》（*Rain Makes
Applesauce*）。幼兒可以讀著相關的故事，並且欣賞雨和雷雨的相
片。

✤ 老師增加的一些製造聲音的東西，讓幼兒可以將最近發生的雷雨「原音
重現」

☀ 計畫和回想的經驗

1 雖然事前為每天的計畫和回想時間做準備是很重要的，但是同樣重要的是，你需要有彈性，隨時準備臨機應變。一位老師印象最深刻的計畫時間，發生在當計畫時間開始時，有隻蟲子爬上了桌角。幼兒們都非常地想看蟲子，老師不但沒有制止他們，反而說：「蟲蟲爬得最靠近誰，誰就開始分享他的計畫。」在蟲蟲還算合作的情況下，幼兒就用這個方式作計畫。

2 接續幼兒對螞蟻、毛毛蟲的熱忱，在塑膠螞蟻或是毛毛蟲上綁一根線，把它從一個人傳給另一個人，傳到誰那裡，就該誰分享計畫或是剛剛的工作經驗。

3 為了延伸幼兒對生長在戶外東西的興趣，你可帶數個相同且有蓋子的盒子到班上。在其中的一個盒子裡放一把蒲公英，其他的盒子不放任何東西。一邊放音樂〔如：Vivaldi 四季（Four Seasons）交響曲中的「春季」〕，一邊請幼兒傳盒子。當音樂停下來的時候，請那些握有盒子的幼兒打開來看，誰的盒子裡有蒲公英就該誰分享計畫或是剛才的工作經驗。

4 製作一些幼兒所喜歡的生物圖卡（如：蜘蛛、螞蟻、蝴蝶、毛毛蟲和大黃蜂），並且把各學習區的標示寫在圖卡上。將圖卡護貝並且在上面放一支迴紋針，讓幼兒用條綁有磁鐵的繩子去釣他們所想要去（或是剛剛在玩）的學習區圖卡並且陳述他們的想法。

5 和幼兒一起像螞蟻一樣或是像毛毛蟲一樣地爬到各個學習區。爬到某個學習區時，想在該學習區玩或是剛剛在該學習區玩的幼兒就出來分享他們的計畫或是工作經驗。

蝌蚪和池塘

6 如果幼兒對腳印有興趣，可以試試下面的方式：讓幼兒坐在地板上，這樣他們可以看到彼此的鞋底。請其餘的幼兒閉上眼睛，同時請兩位幼兒在黏土所做的板子上印上他們的鞋印，再請其餘的幼兒猜是誰的鞋印子，然後請做鞋印的幼兒作計畫或是回想。

7 將有各個學習區標示的圖卡散落在教室地板的四周。放音樂〔如：高瞻的動作系列（High/Scope Press Rhythmically Moving series）第九集中的「推進」（The Hustle）〕，在音樂進行中請幼兒像蝌蚪一樣地游泳。當音樂停止時，請幼兒游到有他們要去的學習區標示圖卡，並且談談他們的計畫或是工作經驗。

泥土和蟲子

8 如果挖蟲子成了戶外時間十分受歡迎的活動，可以用第 93 頁「增加室內或戶外的材料」策略 10 中所描述的，將沙水桌放入泥土和塑膠蟲子。請幼兒輪流找出一隻埋起來的蟲子。找到蟲子的幼兒就輪到他或是她談談工作時間的計畫或經驗。

9 可以將前一頁的策略 3 做一些改變：其中一個裝有蒲公英的盒子以真的蟲子或是圖畫紙做的蟲子來取代。

雷雨

10 用和雷雨有關的道具（例如：雨傘、帽子或是雨衣）來作計畫或是回想。把這些道具傳給幼兒，幼兒必須穿戴這些道具來陳述他們的計畫或是經驗。

11 把閃光燈遞給正在作計畫或是回想的小朋友。請他對著他要去的學習區或是剛剛在工作時間已去過的學習區按一下閃光燈，讓那個學習區好像有閃電一樣。

☀ 小組經驗

1 提供泥刀、圓鍬、湯匙、塑膠罐和青草的種子。看看有哪些幼兒會用這些材料來填滿和倒空？有哪些幼兒會去將青草的種子種上，並且加以照顧呢？

2 唸《好餓的毛毛蟲》那本書給幼兒聽。給每位幼兒一個紙捲軸，在捲軸內捲入一張紙。拿出麥克筆、蠟筆、膠水和亮片，建議幼兒用這些材料來做隻蝴蝶。

3 提供一些自然界的東西──樹枝、長的草和葉子，和彩色的毛線以及膠帶。鼓勵幼兒試試各種方法把這些東西貼到樹枝上去。

蝌蚪和池塘

4 如果班上有幼兒像唐納德一樣，談論著他們的池塘經驗，你也可以帶幼兒到附近的池塘走走，跟他們介紹一下池塘和池塘中的生物。鼓勵幼兒收集石頭、樹枝、鳥的羽毛、植物和其他的東西。回到學校後，問問他們想把這些收集到的東西放在哪裡？

5 買或是製作一些印章，印出的圖型有著你和班上幼兒在池塘之旅所看到的蝌蚪或是其他的自然界生物（鴨子、蟾蜍、鳥、樹枝和植物）。（你可以用海綿或是軟質的塑膠泡綿剪出你要的形狀，然後將其黏在小的木塊上，就成了簡易的印章了！）提供紙張、印泥，和彩色筆與印章一起使用，建議幼兒創造出他們自己想要的池塘。

6 保留一些你在池塘之旅所收集到的東西，把它們跟顏料和紙放在一起。鼓勵幼兒用這些材料來做拓印畫——把這些東西沾上顏料，直接印到紙上。

7 到附近的寵物店做戶外教學，幼兒可以在那兒看到各式各樣的魚兒在魚缸裡游泳。

泥土和蟲子

8 如果幼兒對蟲子有興趣，請幼兒把巧克力夾心餅壓碎倒到碗裡。再加入蟲蟲形狀的 QQ 糖，請幼兒假裝他們正在吃泥土和蟲子。

9 給每位幼兒一盤泥土讓他們去探索。可在泥土中放入真的或是塑膠蟲子，另外還可提供各式各樣的小汽車（卡車、牽引機、壓路機），以及放大鏡和壓舌板。

10 可以在平價商店中魚的部門找到一些塑膠蟲子、蟋蟀或是其他類似的東西。你可以給每位幼兒幾條不同顏色的塑膠蟲子和一個透明的塑膠杯（蟲子會黏在杯子上），你也可以準備一些水當備用材料。

雷雨

11 為了維持一陣雷雨所造成的興奮，可以提供給幼兒一些材料，讓他們可以把雷雨的樣子重演一遍。這些材料包括：可製造風的絲巾、可做閃電的閃光燈、可製造雷聲的鼓和內裝有米粒的搖瓶好弄出雨聲來。在幼兒選了一樣他們所想要使用的器具之後，放上音樂（如：柴可夫斯基的 1812 號序曲）並且觀察幼兒的動作和所製造出的聲音。

12 如果剛巧碰到天氣正好是有太陽也有毛毛雨的小組時間，你就可以把小組帶到外面來上。給每位幼兒一張有底色的紙，然後請他們把粉狀的廣告顏料灑在紙上，請他們觀察當雨滴落在粉狀顏

料上所起的反應，老師則觀察和記錄幼兒的行爲。

13 讀一則關於雨的故事，並且給每位幼兒一樣我們在策略 11 中所提到的道具，請他們製造特殊的音效（用各式的道具而不是只用一種）。選用書中出現頻率最高的一個字或詞（暴風、雨、雷、閃電），並且請幼兒每次聽到這樣的字或詞時就做出特別的音效。（不要期望學齡前的幼兒能夠將視覺效果或是音效和字做搭配。你最好是只選定一個出現頻率最高的字或詞，然後請幼兒在那個字出現時同時使用道具。）

大團體經驗

植物、螞蟻和毛毛蟲

1 爲了延伸幼兒對他們世界中生物的興趣，可以將「綠草到處長」（The Green Grass Grew All Around）這首歌做點變化以連結幼兒的經驗。可以加入一些幼兒額外的想法。下面的例子就是我們將那首歌對應到凱菈與毛毛蟲的經驗而做的改變：

> 這兒有隻毛毛蟲在葉子的中央，
> 這是你所看到的葉子中最漂亮的，
> 而繭就在它的上面到處長，到處長，
> 而繭就在它的上面到處長。

> 現在在繭裡面，有隻蝴蝶，
> 是你所看到的蝴蝶中最漂亮的，
> 而繭就在它的上面到處長，到處長，
> 而繭就在它的上面到處長。

2 問問幼兒的意見，如果有隻螞蟻嘴裡含了大塊且重的麵包，它會怎麼爬呢？如果他們是朵正要冒出花苞的番紅花，他們的感覺又是如何呢？放上可明顯區分出兩小節的樂曲（例如：高瞻動作第三集中的「La Raspa」），第一節音樂響時請幼兒像螞蟻一樣地移動，另一節的樂曲請幼兒像番紅花一樣地冒出頭來。

✠ 當你提供新的經驗給幼兒時，觀察哪些事情是幼兒感興趣的。在這個戶外教學之後，老師在大團體時間請幼兒回憶野鵝的動作和聲音

蝌蚪和池塘

3 改一下「在草地上」（Down in the Meadow）這首歌的歌詞，讓焦點可以集中在蝌蚪和池塘上：

在草地上有個很小很小的池塘，

蝌蚪媽媽帶著三隻小蝌蚪在裡面游泳。

「游泳，」蝌蚪媽媽說，「游得愈快愈好。」

游啊游！他們繞著池塘游。

噗，噗，滴登，答登，哇登，咻。

（重複兩次）

游啊游！他們繞著池塘游。

4 用厚的橡樹皮紙為每位幼兒剪一隻蝌蚪。把這些紙蝌蚪散落在地板四周。放音樂〔例如，柴可夫斯基胡桃鉗中的「糖李子仙女的舞蹈」（The Dance of the Sugar Plum Fairy）〕並且按照音樂的節拍在紙蝌蚪間移動。當音樂停止時，幼兒找個紙蝌蚪站在上面並且請一位幼兒建議接下來要用什麼樣的方式移動，例如：爬、倒退走、作游泳的動作。

泥土和蟲子

5 用「小星星」（Twinkle，Twinkle，Little Star）的調子來唱泥土和蟲子的歌，例如：

蚯蚓，蚯蚓，在土裡，

蚯蚓，蚯蚓，到處挖。

蚯蚓，蚯蚓，挖得深，

蚯蚓，蚯蚓，睡了嗎？

（重複最前面的兩句來完成整首歌。）

如果有幼兒像亞力斯一樣地已經挖過和數過蟲子了，你可以用「十個小印地安人」（One Little, Two Little, Three Little Indians）的調子來唱：「一隻，兩隻，三隻小蚯蚓。」

雷雨

6 在雷雨比較小之後，可以把整班幼兒帶到外面來。（等到打雷和閃電都停了，雨也變小了之後。）找個可遮雨的地方，全班緊緊地擠在一起。（在起霧的日子裡，全班也在霧裡如此做。）在出太陽的日子裡，全班也回到相同的地方，觀察幼兒會做出哪些不同的評論，然後想想這和幼兒正在發展中的分類和語言的技巧有什麼樣的關聯。

從觀察幼兒中我們學到了什麼

　　本章中我們介紹了許多可以延伸幼兒跟自然界經驗的教學策略。當這些策略被實施之後，老師記下許多幼兒學習的軼事記錄。我們摘錄了一些老師的記錄，並且看看老師是如何依高瞻重要經驗的項目來將其分類。當老師依著高瞻重要經驗來詮釋他們的觀察記錄時，老師了解到幼兒正運用他們不同的認知、社會和體能的能力來探索自然界。

□幼兒觀察

創造性表澂

- 在小組時間，瑞貝卡用她從池塘旁的走道收集回來的鳥羽毛畫畫。她先用鳥羽毛沾顏料在圖畫紙中間前前後後地刷著。然後，她又把羽毛像印章一樣，在圖畫紙的四周印上印子。
- 法蘭西在計畫時間，選用了一片有大黃蜂圖案的磁鐵，用它繞著梅根的腳說：「唉喲！牠螫到妳了。」

語言和讀寫

- 在小組時間，當在雨中把粉狀廣告顏料灑在紙上時，泰仁說：「看！它在哭耶！」
- 在大團體時間，凱菈在毛毛蟲的歌裡增加了下面的歌詞：

　　　　現在，有一天，蝴蝶跑了出來。

　　　　是你所看過最漂亮的蝴蝶。

　　　　然後，繭就掉在地上了，地上了。

然後，繭就掉在地上了。

自發性和社會關係

- 在小組時間，蒙妮卡正在蓋動物印章，她的手指弄到了一點印泥。她拿了張紙巾想把印泥擦掉，在無法擦掉之後，她把紙巾弄濕又再試了一次。這樣也沒辦法之後，她就走到水槽那兒，把雙手塗滿肥皂。
- 在小組時間，當幼兒都在用不同的材料做蝴蝶時，傑姆斯轉身跟歐迪說：「你做得很漂亮，你是我最好的朋友。」

動作

- 在工作時間，麥德森穿上了雨衣，扣上了四個按鈕，走到老師那兒說：「看！我自己扣的。」
- 在大團體時間，當凱菈說蝴蝶從「繭中鑽出」時，拿撒尼爾揮動著雙臂作飛狀。

音樂

- 在池塘邊散步時，一隻藍色的鳥叫著。傑樂莎問：「那是什麼聲音呢？」
- 在大團體時間，愛瑪將整個身體在地板上伸展開來，並且滑過動作區，當音樂停止，她跳了起來，跑到一塊蝌蚪紙板那兒，並且跳上紙板。
- 在小組時間快結束，戶外時間快開始時，凱西唱著：「雨啊！雨啊！快走開，別的時間再過來，我想要到外面玩。」

分類

- 從寵物店回來之後，愛瑞卡走到裝蝌蚪的罐子旁對著蝌蚪說：「嘿，小蝌蚪，你比那些大魚小多了。」
- 在回想時間，麥德森說：「我穿了雨衣可是沒戴雨帽。」
- 在小組時間，蘇拿了魚圖樣的印章並且把它放在紙的中間。她接

著拿了隻藍色的麥克筆，繞著魚圖樣印章畫了個橢圓型，並且說：「這是它們游泳的池子」。

序列

- 我們在雨天的小組時間裡，葛林放下他灑有廣告顏料的紙張，在一旁上上下下的跳著。他說：「看，雨讓我的顏料跑得更快了！」
- 在小組時間，做完了**蝴蝶**之後，傑姆斯把他的蝴蝶朝空中丟，然後對歐迪和山姆說：「我的可以飛得最快。」
- 在小組時間，崔用他到池塘散步所收集的羽毛在紙上由大排到小。——指著它們說：「小，小一點，最小。」

數目

- 在工作時間，柔拿了些樹枝並把它們一枝枝地排成一列。當她排完了樹枝之後，她拿了盒石頭，每根樹枝上面都放顆石頭。
- 在小組時間，貝琦對塔克說：「給我一堆青草種子，我要種一堆。」
- 戶外教學，從寵物店回來之後，傑若米對來接他的爸爸說：「我們看的大部分都是魚，只有一隻蛇。」

空間

- 在小組時間，布萊登在樹枝上綁了條毛線，他說：「它從這裡一路垂下來。」
- 在小組時間，喬登用湯匙在兩個罐子間來來回回的舀土，先把一罐的土都挖到另一個罐子裡，然後又把裝滿土的罐子舀回剛剛挖空的罐子裡。
- 在工作時間，當愛麗絲把塑膠蟲子埋到土裡去時，她反覆地說：「先到土裡，再出來。」

時間

- 戶外時間結束時，亞力斯說：「我沒法找到十條蟲子，也許明天吧！」
- 在計畫時間，當音樂響起，茱麗雅像蝌蚪一樣地游到有積木區標

示的圖卡那兒，音樂一停，她坐上了圖卡說：「我今天要在這兒工作。」

- 當愛瑞卡把她在秋天時種的，目前正在開花的球根給媽媽時說：「我們先把它埋在土裡讓它睡覺，然後就變成很漂亮可以送給妳的禮物了。」

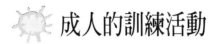 成人的訓練活動

　　協助成人了解當他們鼓勵幼兒對自然產生興趣時，他們可以在其中學習到許多東西；請他們在下面三個地方中選一個地方觀察小朋友。在他們觀察之後，請他們依著高瞻重要經驗的項目或是高瞻幼兒觀察記錄來加以分類他們記錄的幼兒行為。提供給參與者下面的指示：

　　在下面三個地方擇其一去觀察小朋友：

◇地方一：鄰近的公園。

◇地方二：鄰近的游泳池。

◇地方三：在該年第一次下雪時，把幼兒帶到戶外；或是在某一個霧特別大的日子裡將幼兒帶到戶外。

　　如果你選擇了地方一或二，請找個搭檔和你一起在一旁安靜地觀察幼兒遊戲約三十分鐘，觀察及記錄他們的語言、動作和互動。在觀察結束之後才和你的搭檔互相比較彼此的記錄內容，並依著高瞻的重要經驗或是高瞻幼兒觀察記錄加以分類。如果你選的是地方三，好好的享受一下你和幼兒間的互動，並請試著使用我們所建議過的成人與幼兒互動的策略。當天課程結束之後和你的團隊成員討論一下你的發現。

社會遊戲

探索感受和人際關係

兩個星期前，三歲的莎菈雅在家中的角色從唯一的幼兒變成了姊姊。老師注意到從那時開始，莎菈雅總是計畫要到娃娃家去玩耍。她的遊戲總是繞著同一個模式：把所有的娃娃從娃娃床上丟到她旁邊的地板上，爬到娃娃床上，躺著，吸著手指頭並且反覆的叫著「哇！哇！哇」當她這樣做的時候，總有一位老師坐在靠近她的地方，輕拍著她的背，假裝不去注意那些被她摔到地板上的娃娃。

幾個星期之後，莎菈雅花在娃娃床上哭的時間逐漸減少，她花較多的時間和那些娃娃們互動，假裝幫他們換尿布或是在高腳椅上餵他們。像前面一樣，一位老師在她的旁邊玩。一天，老師看到莎菈雅把娃娃放在高腳椅上，她一手扶著娃娃，另一隻手伸到鄰近的衣櫃拿了條領帶。她用這條領帶把娃娃很穩固地綁在高腳椅上。另一天，老師看到莎菈雅拿了片尿布，把它打開平放在桌上，然後把娃娃放在上面。接著她離開去拿了張面紙，用它來幫娃娃擦屁股，然後打開尿布上面的沾黏處，把它黏好。她一邊工作，一邊說：「哇！你好臭喔！」接著，她把舊尿布丟到玩具洗衣機裡去，把娃娃放回床上（這是教室裡原本放娃娃的地方），她就離開娃娃家到畫架那兒畫畫去了。

計畫時間進行到一半時，愛胥麗什麼也沒說就突然離開計畫桌，她通常都會先說了計畫後才開始工作的。她到娃娃家找了個旅行袋，把娃娃和小孩衣服裝了進去，在裝入前，她還小心地把每件衣服都摺好。打包完之後，她把袋子扛在背上，從娃娃床上抱起了兩個娃娃，然後走到積木區。她坐在靠近別的幼兒的積木上，問：「下一班到佛羅里達的飛機是什麼時候？」

過了一會兒之後，她說：「我要下飛機了。」然後她站起來，拿著袋子和娃娃走到圖書區去。她在靠近老師的地方坐下，

說：「凱文喝太多啤酒而且還說『××娘！』，所以我要帶著小孩離開兩星期。」老師等了一會兒，直到她確定愛胥麗說完了才說：「喔！凱文喝太多酒又說髒話，所以妳決定要帶小孩離開兩星期。」愛胥麗點點頭而在一旁聽見的亞力斯靠了過來，把手搭著愛胥麗說：「對這樣的情況，妳是沒有什麼辦法的。」

　　工作時間，歐迪和傑姆斯在娃娃家玩老小姐的卡片遊戲。歐迪洗牌和分牌，然後開始輪流從對方手上抽牌，一旦手上有成對的牌就把它們面向上放在桌面。愛瑞卡走過來並且問她能不能一起玩，男孩們答應了。

　　愛瑞卡完全不懂得這個遊戲的既定規則，她一次抽超過一張的卡，而且又把成對的卡握在手上，當她沒抽到老小姐卡片時，還說：「喔！我沒抽到她。」傑姆斯和歐迪試著向她解釋規則：「把妳的卡朝向另一邊，這樣傑姆斯才看不到它們。」「不是現在，妳要等到歐迪抽完才輪到妳。」「妳一次只能抽一張卡片。」「妳手上還沒有成對的卡片嗎？」「妳最好別抽到老小姐那張卡片。」在玩完一次以後，愛瑞卡說：「我的老天爺。」然後離開桌子。歐迪和傑姆斯笑著繼續玩卡片。

　　麗雅和梅根假裝成狗爬到積木區，丹尼爾和維克特正在那裡蓋東西，這兩位女孩面對著丹尼爾和維克特猛叫著，丹尼爾說：「你需要間狗屋。」接著他就和維克特開始將他們的積木重組，好把麗雅和梅根圍在裡面。兩位女孩繼續學著狗叫。亞力斯走了過來說：「嘿！讓我們來個狗狗秀如何？」他走到美勞區拿了做獎賞帶所需的材料過來：紙、剪刀、麥克筆和膠帶。亞力斯埋頭做獎賞帶的時候，丹尼爾和一位老師幫忙做獎

賞的緞帶。老師說：「怎麼樣的狗狗才能得獎呢？」丹尼爾建議，獎應該給叫得最大聲和睡得最多的。等緞帶做好之後，亞力斯請老師把丹尼爾的建議寫在緞帶上。

透過遊戲建立自我意識和社交能力

學齡前的幼兒會意識到他們與人之間的關係，他們也對這之間的關係非常有興趣，你可以從他們在遊戲中模仿老師或是玩伴的動作發現。你也不難觀察到他們非常注意其他玩伴生活中一些重要人物的來來去去，例如：歐迪叫著：「麗雅，妳的奶奶來接妳了！」當他看到麗雅奶奶的車停進了停車場。

✠ 在社會遊戲中談話並不是必需的，幼兒常會用各種非語言的方式來使自己和別人產生關聯

✤ 三位幼兒把他們的狗放進被窩之後才去參加舞會

　　本章開始前幾段所舉的許多遊戲例子，都反應了學齡前幼兒逐漸增加的社會意識。有時候，他們會以非常直接的方式來表達他們對人際關係的興趣和感受，如同莎菈雅的例子，經由她和娃娃間的玩耍，表達了對家中新成員的感受。相似地，愛胥麗也用扮演遊戲表現了她對家中衝突的擔憂。

　　另一個學齡前幼兒表達他們對人和人際間關係的興趣之方式，是經由他們對合作性活動逐漸產生的興趣，例如：愛瑞卡、歐迪和傑姆斯正在玩的老小姐遊戲。學齡前幼兒對於玩一些既定規則的遊戲還有輪流的概念都還在起步的階段，在這些能力剛開始出現的時候，學習規則的過程（或是發展出他們自己玩的方式）都牽涉到交換想法和協商的社會性經驗。有些幼兒像愛瑞卡，在發展上還沒準備好要玩那些有正式規則的遊戲，但是她卻喜歡參與的感覺。不論

幼兒是遵循著既定的規則，或是發展出自己的規則，參與遊戲是個很重要的社會經驗，這樣的經驗可以加強他們與別人合作的能力。

另一個形式的合作性遊戲是社會性扮演，幼兒在其中可以一起玩並發展出複雜的劇情。麗雅、梅根、丹尼爾和維克特的狗狗秀就是這種形式合作的例子，在其中，每位幼兒都貢獻自己的想法，並且也在他人的想法上做延伸。不同於莎菈雅和愛胥麗的例子，他們並沒有在遊戲中描述他們的家庭生活。另外，他們對於照顧和人際間關係的興趣也在假裝成為狗狗和狗主人上表現無遺。

✛ 由一個問題導向了合作式的解決方式，就如同幼兒一起幫忙移動桌子

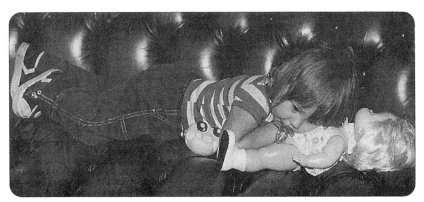

✛ 仔細地觀察幼兒可以用哪些不同的方式來表達或呈現他們的感受

當學齡前幼兒在參與這類的社會性遊戲時，他們正發展出社會性意識、和別人合作的能力以及其他方面的技巧。他們對語言支配能力的增長，使他們能和別人溝通自己的感受，並且也能夠說出別人的感受和情緒。他們在獨立決定能力上的增長可以從他們做決定以及表達對人和人際關係間的偏好看出。學齡前的幼兒會主動地選定特定對象一起玩，和對方談話以及模仿對方。他們的友伴關係常常是既親密又複雜，就像成人和他們最好朋友間的關係一樣。

隨著幼兒人際關係的發展，將包含了生氣、眼淚、笑聲和合作；隨著他們能力的增長，他們可以衡量自己和別人的情緒，再加上語言技巧的增進，也為解決社會問題技巧的發展提供了基礎。在成人的支持之下，幼兒可以認清問題所涉及的衝突，而且也可以學著用正向的方式來表達他們的需要和感受。如果成人能鼓勵幼兒解決社會問題，他們常會為幼兒將自己的解決方式類化到衝突的情況而覺得驚訝和高興。

當協同教學成員討論列在本章開始的幾段遊戲經驗時，他們也記下了許多的軼事記錄。當老師討論這些事件時，他們注意到許多幼兒的行為都反應出高瞻重要經驗中的**社會關係和自發性**。在接下來的「幼兒觀察」記錄中，我們將列舉在該項目中的九個重要經驗，以及可歸屬於該項重要經驗的軼事記錄。

☐幼兒觀察

自發性和社會關係之重要經驗

作和表達選擇、計畫和決定

- 當被問到她工作時間的計畫是什麼時，莎菈雅說：「娃娃家。」到娃娃家之後，她把所有的娃娃從床上拿出來丟到地板上。接著她爬到娃娃床上，吸著指頭，叫著：「哇，哇，哇！」

- 在工作時間，亞力斯到積木區，丹尼爾和維克特正在那兒幫麗雅和梅根蓋狗屋，他說：「嘿！讓我們來個狗狗秀吧！」

解決在遊戲中遭遇的問題

- 在工作時間，歐迪正在跟傑姆斯和愛瑞卡玩老小姐的卡片遊戲，當愛瑞卡把卡片朝外拿著時，歐迪叫著：「不對，卡片應該朝內，這樣傑姆斯才沒辦法看到妳的卡片。」
- 在工作時間，莎菈雅把娃娃的衣服脫掉，接著把娃娃放在桌上，然後她離開去拿了盒面紙。她用面紙擦娃娃的屁股，一邊擦一邊說：「唉喲，你好臭喔！」

能夠照顧自己的需要

- 在工作時間，亞力斯離開積木區到美勞區去拿紙、剪刀、麥克筆和膠帶。他把這些材料拿到積木區來，開始做狗狗秀所需要的獎賞帶。
- 在工作時間，莎菈雅把娃娃放在高腳椅上，一手扶著娃娃，另一隻手伸到鄰近的衣架上拿了條領帶。接著她用領帶把娃娃綁在高腳椅的椅背上。

用語言表達感受

- 在工作時間，莎菈雅假裝用湯匙餵娃娃吃玉米片，並且說：「我現在比較喜歡你了。」
- 在工作時間，愛瑞卡、歐迪及傑姆斯一起玩老小姐卡片，當她沒抽到老小姐卡片時，她說：「討厭，我沒抽到她。」

參與團體的作息

- 在工作時間，莎菈雅（未被別的幼兒或成人要求）將她玩過的娃娃放回娃娃床上，才到畫架那兒去畫畫。

容易感受到別人的感受、興趣和需要

- 在工作時間，亞力斯靠近愛胥麗，把手搭著她，說：「這真是妳沒辦法的事情。」〔愛胥麗剛剛說了，她必須要帶著娃娃到佛羅里達（假裝），因為她的先生喝太多酒，又對她說髒話。〕
- 在工作時間，愛瑞卡坐在歐迪和傑姆斯的旁邊看他們玩老小姐卡片，等他們玩完一輪後，她問：「這次我可不可以一起玩？」

與幼兒和成人建立關係

- 在工作時間，愛胥麗假裝帶著幼兒飛到佛羅里達之後，在一位老師身邊坐了下來，陳述昨晚她在家中所聽到的爭吵。
- 在工作時間，丹尼爾和維克特正在積木區用積木蓋東西，梅根和麗雅爬到積木區，對著他們猛學狗吠。

創造和經驗合作性的遊戲

- 在工作時間，丹尼爾和維克特重組他們原先用積木蓋的架構，好讓梅根和麗雅可以被圍在裡面。（兩位女孩爬到積木區來，學著狗猛吠。）當亞力斯過來建議他們來個可贏得獎賞帶的狗狗秀，丹尼爾幫助他做緞帶，並且建議獎賞帶應該由叫得最大聲和睡得最多的狗贏得。

處理社會性衝突

- 在工作時間，兩位男孩試著要告訴她怎麼玩老小姐的卡片遊戲之後，愛瑞卡離開了娃娃家，不玩卡片遊戲了。（愛瑞卡並沒有照著既定的規則來玩。）離開之前，她說：「喔！我的老天爺。」

支持幼兒對人和人際關係上的興趣

如果我們想養育孩子成為負責任的決定者和問題解決者，早在學齡前的階段，我們就需要把這樣的訊息傳達給孩子，讓他們了解自己是能夠做決定、解決問題和負責任的。假想一下，如果你的朋友和同事請你提供想法或意見，但是他們卻不斷地對你所提出的東西加以忽視或是挑剔，你會有怎麼樣的感受呢？在這樣的情況下，即使你平常還滿有自信的，你大概也會開始懷疑自己的能力了。對幼兒來說也是一樣的，如果我們希望幼兒能發展出自信，我們需要去傾聽、接受和允許幼兒執行他們的想法。即使有些時候，你覺得幼兒的想法是行不通的或是活動的結果可能太吵或是太髒亂，提供你的支持仍然是非常重要的。支持幼兒也包含了提供一個有材料可供幼兒使用的環境，在這樣的環境裡，支持性的成人在幼兒身邊玩，經由行動展現他們對幼兒所說和所做事情的重視。成人必須讓自己空閒下來以便能夠去支持幼兒解決問題和紛爭，鼓勵幼兒自己解決問題並且在幼兒無法獨自想出健全的和正向的方法時，和幼兒一起來想辦法。

在本章開始的那些例子中，老師也用這樣的想法和幼兒一起玩。另外，他們也發展出下面的策略來支持幼兒在照顧嬰幼兒、玩有規則的遊戲以及對寵物和寵物秀上面所顯現的興趣。

一般的教學和互動策略

✔為了表現你對幼兒想法的興趣，你可以讓自己在與幼兒平齊的高度，模仿他們的動作，以及讓幼兒做遊戲的領導者。前例中，莎

菈雅的老師就用了這樣的方式支持她。有些成人可能會想要去教莎菈雅別把娃娃從床上摔到地板上，但是她的老師接受了她的行動，僅僅坐在她的旁邊，輕拍她的背，並且複述她的話。在高瞻教學法中，我們相信幼兒需要用對他們有意義的方式來面對新的情境，老師能夠支持這個自然過程的最好方式就是提供幼兒所需的時間及材料。當莎菈雅準備好之後，她在稍後與娃娃的遊戲中展現了照顧和養育的關係。成人對於莎菈雅早先與娃娃的遊戲所表現出的耐心和接受的態度使她能達到後來的這個階段。

✔**成為一位好的聽眾。**要小心，不要對幼兒在遊戲中所分享的秘密下判斷。當愛胥麗演出了她在家中所看到的不愉快事件，老師並沒有說凱文喝酒又說髒話所以他是個壞人。相反的，她只是複述愛胥麗的話，希望這樣能使得愛胥麗覺得很安全，而未來能繼續分享她的惱人經驗。

✔**總是接受幼兒所表現出的感受，**不論他們是以語言或是非語言的方式表達。不要試著告訴幼兒不要煩惱或是忽略幼兒感受的重要性。像是對莎菈雅說：「別哭——媽咪和爸爸生了蘿菈之後，妳就多了一個可以一起玩的人了。」或是說：「那個娃娃床是給小嬰兒用的，不是給大女孩用的。」這樣的說話方式是完全忽略了她在家中的新地位所為她帶來的內在混亂感。

✔**考慮幼兒發展上的年齡。**當歐迪、傑姆斯和愛瑞卡在玩老小姐的卡片遊戲時，愛瑞卡的行為顯示她還沒準備好可以玩既定規則的遊戲。了解到這一點，老師並沒有介入或是試著要去教愛瑞卡正確玩遊戲的方法，她反而讓幼兒自己去解決；而愛瑞卡最後也決定傑姆斯和歐迪的玩法並不適合她。

✔**鼓勵幼兒去解決他們所面對的問題，**不論是在玩遊戲材料或是和其他友伴間出現的問題。老師看得出來，傑姆斯和歐迪正用他們自己的方法解決與愛瑞卡間的問題，老師決定不介入，她讓事件順其自然。當傑姆斯和歐迪無法成功地讓愛瑞卡用他們的方法來

田 藉著和幼兒一起坐到地板上，老師傳達出對幼兒的遊戲點子感興趣的訊息

玩遊戲時，他們對她不玩的決定也感到滿意。

✔在幼兒旁邊和幼兒一起工作，偶爾給幼兒一些與他們興趣有關的建議。既然亞力斯的行動顯示他對狗狗秀相當了解，老師決定問是不是還有別種樣子的緞帶獎牌。（講完之後，老師就繼續安靜地玩亞力斯所拿的材料。）由於老師的安靜和只是隨興地提了一下，幼兒更擴展了他們的遊戲，而老師對亞力斯和丹尼爾的能力也有進一步的了解。

✔對於如何養育別人可以問問幼兒的意見。當愛胥麗講完她要到佛羅里達的原因之後，亞力斯安慰她，顯示出他了解如何關心別

人。如果有新的狀況出現，當有幼兒需要別人的理解時，老師可以問問亞力斯的意見。這可以讓亞力斯有另一個同理他人的機會，同時也可以做為其他幼兒的模範。

 # 增加室內和戶外的材料

嬰兒和孩童的照顧

1 如果你班上有幼兒像莎菈雅一樣模仿嬰兒的吸吮動作，你可以提供一些需要吸吮動作的點心。像莎菈雅的老師在教室裡就提供一般在點心單上列出的果凍、柳橙片和附吸管的飲料。

2 教室中可增加一些成人用來照顧新生兒的用具：一張搖椅、手搖玩具、彈性坐椅、嬰兒毯、嬰兒瓶、頭巾、一個塑膠的洗澡盆、嬰兒推車、紙尿布或是布製的尿布、尿布袋、空的玉米粉罐以及奶粉罐、小湯匙和小的塑膠碗。

3 可在圖書區增加一些關於嬰兒和如何照顧他們的書，以支持幼兒對嬰兒的興趣，例如，Cyndy Szekeres 的《小寶貝》（The New Baby）、Vera B. Williams 的《小寶寶說：「還要！還要！還要！」》

✢ 很快地為那些家中有新生兒的幼兒提供一些需要吸吮的食物，可以協助幼兒比較平順地度過過渡期

（*More, More, More, Said the Baby*）、Emily Thompson 的《葛若普照顧小寶貝》（*Grover Takes Care of the Baby*）、Mercer Mayer 的《只有我和小妹妹》（*Just Me and My Little Sister*），以及 Janet 和 Allan Ahlberg 的《小寶貝的目錄》（*The Baby's Catalog*）。如果班上有幼兒像愛胥麗一樣用角色扮演來呈現家中的困擾狀況時，你可以增加一些講述家庭問題的故事書。例如：Jeannette Caines 的《爸爸》（*Daddy*）、Judith Vigna 的《再次，又只剩下媽咪和我！》（*Mommy and Me by Our-selves Again*），這兩本書都是描述父母離異的幼兒。

⊞ 提供一些材料讓幼兒可以模仿在家中看到照顧小嬰兒的樣子。經由這樣的模仿，幼兒發展出照顧別人的能力

4 當幼兒玩跟嬰兒有關的材料時，藉著提供一些具有挑戰性的材料，鼓勵幼兒自己解決問題。例如，提供各種奶瓶、不同大小的奶嘴和扭曲的環蓋。提供紙尿布（沾黏的部分會逐漸失去黏性）可讓幼兒有機會想出新的辦法來把尿布圍在娃娃的身上。

遊戲

5 如果有幼兒像歐迪和傑姆斯一樣，喜歡玩那些具有規則的遊戲時，你可以在玩具區增加一些簡單的棋盤遊戲和卡片或是紙牌遊戲。有些幼兒會像歐迪和傑姆斯一樣喜歡兩個人一起玩，所以你所選的遊戲最好也包括一些可以兩個人一起玩的遊戲。

6 選一些可以由兩位到四位幼兒一起玩的合作性電腦遊戲。例如：由 Broderbund Software 所出品的「遊戲間」（*The*

Playroom）和由 Edmark Corporation 所出品的 「山米的科學屋」
（*Sammy's Science House*）都適用於兩位或是一小組的幼兒一起玩。

7 在音樂區放置各式各樣的小球，例如，橡膠球、硬塑膠球，或
是毛線球，並且可以利用計畫或是回想使用輪流遊戲的模式
（可參考本章「計畫和回想的經驗」策略 9，第 125 頁），或是大
團體時間的遊戲及活動（參考本章「大團體經驗」策略 5，第 131
頁）來使用輪流遊戲的模式。

寵物和寵物秀

8 提供一些額外的材料讓幼兒可以做一些緞帶及其他獎牌，例
如，可在美勞區增加一些用過的或是空白的獎狀、緞布條和表
面光滑的緞帶、打孔器、繩子和安全別針或是迴紋針。

9 鼓勵幼兒考慮一些其他的寵物和得獎的點子，在圖書區也可增
加一些相關的書籍，例如，Emily Perl Kingsley 的《芝麻街寵物
秀》（*The Sesame Street Pet Show*）。

✤ 有些材料本身趨向於合作性的遊戲

✠ 如果你知道幼兒
在家中有玩棋盤
式遊戲的經驗,
你可將相同的遊
戲放在教室中的
玩具區,讓幼兒
有在新的情境中
玩這些遊戲的經
驗

 # 計畫和回想的經驗

嬰兒和孩童的照顧

1 用毯子把娃娃包裹住,讓每個幼兒輪流抱抱娃娃,並請他們描述他們的想法。

2 請幼兒假裝他們是爸爸或媽媽,而你則假裝是手上抱著小嬰兒的保母。請「父母」談一下等會兒他們離開後想做什麼或是剛剛在幫他們看寶寶時,他們做了些什麼。

3 用搖椅或是嬰兒床當道具,用熟悉的調子填入歌詞來唱出該誰作計畫或是回想。例如:

告訴我們,告訴我們,你今天要做什麼(你今天做了什麼)。

(重複兩次)

工作時間裡,你要做什麼呢?(你做了什麼呢?)

4 幼兒圍成一個圓圈坐下，一個人坐在圓圈的中間轉著一個奶瓶或是嬰兒的手搖玩具。等奶瓶／玩具停下來時，它朝向誰就該誰分享計畫或是回想經驗。

5 請幼兒到各學習區去找一樣他們等會兒要玩（或是剛剛玩過）的玩具。幼兒把他們拿來的玩具放進一個裝尿布的袋子裡，其中一人從袋中把玩具一樣一樣拿出來，誰要玩的玩具被拿出來就由誰描述他們的計畫或是剛剛的工作經驗。

✠ 在這個假裝的遊戲裡，小朋友假裝成 「父母」 ，而老師假裝是 「保母」 ，這是個相當具吸引力的作計畫方式。愛瑞卡很詳細的告訴「保母」 有關她工作時間的計畫

遊戲

6 用厚的軟木塞板做成教室內各個學習區地圖的遊戲板。請幼兒用小熊籌碼放在他們想要去工作的地圖上（或是剛剛去工作

過）的學習區上。

7 為了增加幼兒玩遊戲時需有的輪流概念，你可以鼓勵幼兒輪流描述他們的計畫（或是工作時間的活動）。將幼兒兩兩配對，每一組幼兒拿兩張椅子面對面坐著。然後請幼兒去找一樣他們等一下計畫要用的東西。等幼兒帶著玩具或材料回到他們的座位時，請他們輪流告訴同伴們他們的計畫或是他們要怎樣使用手上的東西。（或者他們剛剛是怎麼使用手上的東西。）

8 為了延伸年紀較大的幼兒玩卡片遊戲（就像老小姐卡片遊戲一樣）的興趣，你可以帶一疊紙牌到計畫或是分享桌那兒。這一疊紙牌中要恰好有兩套完全一樣的紙牌。首先，你先將其中一套紙牌發給一半的小朋友，每人一張。然後讓另一半的小朋友從你手上的另一套紙牌中一人抽一張。請幼兒去找另一個與他握有相同紙牌的小朋友，兩人配對，互作計畫或是回想。另一個取代紙牌的方式是用成對的手套或襪子來進行，你可另找一天用這個方式再進行。對年紀更大一點的幼兒，你不一定要使用相同的物品，你可以使用成套的東西來進行，例如：杯和杯中之物、尿布和娃娃、錄音機和錄音帶、蠟筆和紙張。

9 為了示範一些輪流玩遊戲的新點子，你可以和幼兒一起圍個大圓圈坐在地板上。提供一個球並且請幼兒將球滾、彈或是傳到下一個要分享計畫或工作經驗的人那兒。另一個輪流的活動是丟沙包的遊戲。兩位幼兒共用一個沙包，然後輪流將沙包投入那個代表他要去（或是剛剛去過）的學習區標示的籃子裡。

✠一組的幼兒共用一張大紙，每個人在上面「寫」或畫下他剛剛工作時間
的經驗，這是一個回想時間的活動，這個活動可以用來支持那些才剛剛
具有與他人溝通和合作能力的幼兒

✠接續歐迪和傑姆斯在玩紙牌遊戲的興趣，老師設計了紙牌配對的遊戲準
備在計畫時間用。老師翻出的牌和誰一樣，就該誰來作計畫

寵物和寵物秀

10 用你為美勞區增加的厚紙板和緞帶（參考前面「增加室內和戶外的材料」策略8，第122頁），將各學習區的標示做得像獎牌帶一樣。請幼兒拿取那個可以代表他們等下要去（或是剛剛去過）的學習區的緞帶，請幼兒想辦法用膠帶、繩子或是大頭針把他們所選的緞帶黏貼在他們的衣服上。

11 問一下那些昨天一起玩的幼兒，看看他們今天是不是還要一起在同一學習區玩，如果要，可以請他們一起討論一下他們的計畫。回想的時間裡，可以請那些一起玩的小朋友們，一起分享工作經驗。例如：「丹尼爾，你昨天和亞力斯在工作時間一起做獎牌帶，你今天還要和他一起玩嗎？」或者是「梅根和麗雅，妳們今天在工作時間時假裝成狗狗，能不能告訴其他的小朋友，當妳們對著丹尼爾和維克特吠的時候發生了什麼事呢？」當幼兒在描述他們的計畫或是剛剛的工作經驗細節時，鼓勵全組的幼兒用適當的動作將他們所說的表演出來。

12 幼兒在合作性的遊戲經驗中經常會遇見一些衝突，為建立幼兒擴展感受的意識以及增加解決社會問題的能力，老師在回想時間裡可以鼓勵幼兒討論一件有關感受的事情或是解決一個社會問題的過程。例如，你可以用「彼得，剛剛梅根跟你說你不能在狗狗秀裡當狗時，我聽見你哭了。你們兩個是怎麼解決這個問題的呢？」開始你的回想時間，當幼兒用他自己的話來描述事情的經過和結果時，你可要仔細地傾聽哦！

☀ 小組經驗

1 為了鼓勵幼兒用語言來表達他們的感受，可以利用小組時間來為某位幼兒設計卡片，例如，可以為莎菈雅這種家庭情況面臨改變的小朋友設計卡片。提供做卡片的材料，而且在小組時間開始時這樣說：「莎菈雅最近在家變成姊姊了，她的媽媽生了個小嬰兒，今天我帶了一些材料，你們可以用這些材料畫張畫或是寫個故事給莎菈雅。」觀察有哪些幼兒只是去探索材料，有哪些幼兒真的做了些東西給莎菈雅，又有哪些幼兒在他們的卡片或圖畫上寫或是請老師代寫一些話上去。你可藉著幼兒發展中的表徵和語文能力來考慮你的觀察。當莎菈雅的老師在教室裡嘗試這個方法時，有幾個幼兒的反應讓老師印象深刻，例如，梅根畫了她跟她的小嬰兒弟弟，然後請老師寫上：「我剛剛有個弟弟，有時候這並不好受。」傑克的媽媽正懷孕，他請老師在他的圖畫上寫：「我希望是個弟弟，如果是個妹妹，我就要把她吹到天空上去。」

2 在教室放置小嬰兒洗澡用的盆子、中性肥皂、嬰兒洗澡用的紗布、浴巾、衣服和娃娃，看看有哪些幼兒會去為娃娃洗澡和穿衣服。

遊戲

3 拿數疊紙牌跟幼兒解釋：有些幼兒很喜歡玩配對的遊戲，請幼兒想想看有沒有別的方法可以玩這些紙牌，然後觀察有哪些幼兒會去用紙牌來堆疊、洗牌、建構、配對、用手指頭彈等等。當你對個別的幼兒做觀察時，你也可以得到一些關於他們在空間、分類

和小肌肉技巧方面的資訊。

寵物和寵物秀

4 如果你觀察到幼兒一起合作地玩耍，如同在寵物秀例子中的情形，你可以提供一些材料並且鼓勵他們分享和朝向一個共同的目標一起工作，以支持他們更進一步地建立人際關係。例如，提供一個大一點的樂高底座，鼓勵兩位幼兒一起在上面蓋東西，並且也鼓勵他們在過程中談話及協商。另一個點子是用幾個比平常使用稍大的籃子來裝蠟筆，以替代每個幼兒桌上一盒蠟筆，如果你要使用這樣的方式，請注意要將籃子放在桌上能夠同時方便好幾個小朋友取拿的位置。另一個有關蠟筆變化的點子是，你可以嘗試在其他的日子裡，在桌上擺出三種廣告顏料，每種顏料用兩個杯子裝，提供幼兒使用。

5 想想看班上還有哪些事情是你需要特別關心的，並且列出你班上幼兒在想出解決之道時可能會需要的幫助。有個班級的老師把小朋友們帶到積木區，跟他們說有隻寄居蟹需要空間運動，可是牠不能在一個大的開放空間裡運動，牠需要一個圍起來的空間，請小朋友們幫牠想想辦法，然後幼兒一起用積木幫寄居蟹設計一個安全且圍起來的運動空間。

☀ 大團體經驗

嬰兒和孩童的照顧

1 如果幼兒曾參與跟嬰兒有關的遊戲，可以讓幼兒一起做出各種照顧嬰兒的動作，例如：搖、晃、餵食、打嗝、換尿布、唱歌和洗澡。給予幼兒對活動和相關動作提供建議的機會。

2 用熟悉的調子唱出各種跟嬰兒主題有關的歌，並且鼓勵幼兒用語言來表達他們的感受。例如，可以用「如果你高興，你就說哈囉」這首歌，把它變成「如果你是嬰兒，你又很_____（放入描述感受的字眼）。」新的歌詞可以如下例：

> 如果你是嬰兒，你又很傷心，
>
> 大聲哭（Waa，Waa）。
>
> （重複前兩句）
>
> 如果你是嬰兒，你又很傷心，
>
> 你的樣子就會顯出來，
>
> （重複最初兩句）。

可以依照幼兒的建議併入感受的字眼和動作來做出新的歌詞。例如，「如果你是嬰兒，你又很高興，踢踢腳（幼兒一起做踢腳的動作）。」

3 請幼兒面對面的排成兩行，稍微分開一點。請幼兒選一個娃娃或是動物玩偶，給每行第一個人一個嬰兒推車或是背帶，請幼兒將娃娃或是玩偶放在推車裡，推著繞過對面那一排再回到原先的位置交給下一個小朋友，這有點像推車接力，看看哪一排的小朋友比較快結束。

```
遊戲
```

4 為了讓幼兒對輪流更有興趣，可以唱或唸一些熟悉的遊戲或童謠，例如：「誰從餅乾罐裡拿了餅乾？」（Who Took the Cookie From the Cookie Jar？）給每位幼兒機會去選擇下一位來完成童謠。基於幼兒在教室裡的動作，你可自編一些童謠或兒歌。例如，在歐迪、愛瑞卡和傑姆斯的教室裡，老師用固定的節拍編了首歌：

> 誰從老小姐的遊戲中拿走一張牌？
>
> 歐迪從老小姐的遊戲中拿走一張牌。
>
> （歐迪回答）「我嗎？不是我，不可能是我。」

愛瑞卡從老小姐的遊戲中拿走一張牌。

（愛瑞卡回答）「我嗎？不是我，不可能是我。」

傑姆斯從老小姐的遊戲中拿走一張牌。

（重複）

5 可以用下面我們要描述的方法，做為從大團體時間到下一個活動的轉換活動。將一個保麗龍球或是毛線球滾給一個小朋友，接到球的幼兒成為第一個離開這個活動的人，這個離開的小朋友移到下一個活動前，他把球滾給下一個小朋友，如此繼續著。

寵物和寵物秀

6 請幼兒為一隻寵物命名，或是幫寵物秀中可能得獎的頭銜命名，例如：「吠得最大聲的狗」，「毛最軟的貓」，「吃東西最快的松鼠」。在一位幼兒分享了他的點子之後，所有的幼兒就將他的點子演出來。

☀ 從觀察幼兒中我們學到了什麼

在本章裡看到一些藉由假裝遊戲和玩簡單遊戲來探索一些感受和人際關係的方法。當幼兒全力使用他們發展中的能力來參與這些社會遊戲經驗時，這些遊戲提供我們相當好的機會去觀察幼兒在社會關係和自發性上正發展的技巧。老師常發現高瞻幼兒觀察記錄中**自發性**和**社會關係**的部分可做詮釋幼兒社會性遊戲觀察的最有用工具。老師將會發現，在任何一個團體中針對某些幼兒觀察記錄的項目，例如：參與複雜的遊戲、與成人產生關聯、與其他的幼兒做朋友等，幼兒都有著不太一樣的發展階段。幼兒觀察記錄協助老師辨識幼兒在這些方面特別的能力，也協助老師設計一些互動策略和經驗來鼓勵幼兒使用和擴展這方面的能力。第 133-136 頁我們將呈現

老師觀察幼兒時所記下的軼事記錄，這包括了那些在本章一開頭時所敘述的事件，以及在實施我們所建議的教學策略後所產生的遊戲經驗。每一則軼事記錄都和幼兒觀察記錄中的**自發性**或是**社會關係**中的項目和層次相搭配。為了說明幼兒觀察記錄中，某一個特定項目的不同發展層次，在每一個列出的項目裡我們都列舉了二或三個軼事記錄。

圖 B

圖 A

圖 C

✠圖 A：在共同合作設計了一個圍起來的空間之後，幼兒玩著寄居蟹

✠圖 B：合作性遊戲常常可以在靠近積木區的地方看到

✠圖 C：電腦區是另一個常常會有社會性遊戲出現的區域

□幼兒觀察

自發性

老師的軼事記錄	高瞻幼兒觀察記錄項目和層次
當被問到她工作時間的計畫時，梅根說：「要再當一次狗狗。」	A.表達選擇：(3)幼兒用一句簡短的句子，說明想參與的活動、活動的地點或是想一起玩的同伴。
在計畫時間，法蘭西絲告訴她一起作計畫的伙伴：「我要玩老小姐的紙牌遊戲，可是我只要自己玩。」	A.表達選擇：(4)幼兒用一句簡短的句子說明要如何執行他們的計畫。
「我要畫我和丹尼爾（她剛出生的弟弟），然後妳幫我在上面寫字。」梅根這樣跟卡蘿老師說。	A.表達選擇：(4)幼兒用一句簡短的句子說明要如何執行他們的計畫。
在工作時間，凱菈從美勞區拿了膠帶把包在娃娃身上的紙尿布兩邊貼住。	B.解決問題：(3)幼兒使用一個方法來解決一個問題，但如果不成功，在試了一兩次後就放棄了。
在小組時間，露西想將紙牌立起來，在試了三次之後，她說：「這樣好像不行。」然後，她拿了兩塊積木想在上面架張紙牌變成一個隧道。最後，她把積木移近了點，然後在上面架張紙牌，終於成了一個隧道。	B.解決問題：(5)幼兒試著用不同的方法解決一個問題，並且相當的投入和堅持。

在工作時間，梅根當了十分鐘的狗狗，留在用積木圍起來的狗屋裡吠。	C.參與複雜的遊戲：(2)幼兒對簡單使用材料或參與活動有興趣。
在工作時間，愛胥麗走到娃娃家，用行李袋把娃娃和小孩的衣服打包，然後拿著行李和兩個娃娃到積木區。在這兒她假裝要搭飛機到佛羅里達（坐在一塊積木上），然後帶著她的東西到圖書角去，這兒是她假裝成佛羅里達的地方。	C.參與複雜的遊戲：(4)幼兒獨自扮演、執行複雜和不同順序的活動。
傑姆斯拿了「釣魚」的卡片遊戲，他把所有的卡片分成三份，一份給歐迪，一份給自己，另一份留在中間供釣魚之用。然後他和歐迪遵守這個遊戲的既定規則玩了十分鐘。	C.參與複雜的遊戲：(5)幼兒和別人一起執行複雜且不同順序的活動。
在小組時間快結束時，喬那回到積木區並且把他拿的三塊積木放到架子上才到外面去玩。	D.在課程流程中表現合作性：(4)在沒有旁人的提醒下，幼兒主動參與課程的流程。
在計畫時間，當卡蘿老師離開幾分鐘去和一位晚到的幼兒打招呼時，蒙麗莎說：「好，費瑞迪克，下一個輪你抱著娃娃告訴我們你今天的計畫。」	D.在課程流程中表現合作性：(5)即使成人不在附近，幼兒仍繼續課程的流程。

社會關係

老師的軼事記錄	高瞻幼兒觀察記錄項目和層次
在工作時間，關於老小姐的紙牌遊戲的事情，傑姆斯告訴卡蘿老師：「我們剛剛跟愛瑞卡玩，可是她還不會玩。」	E.與成人產生關聯：(3)幼兒主動與熟悉的成人互動。
在戶外時間，梅根請麗雅的奶奶和她的嬰兒一起散散步。她們在戶外的遊戲場裡逛了十五分鐘。當她們散步時，梅根推著娃娃車，有時還會停下來看看喇叭水仙和剛剛被種下的草種子。	E.和成人產生關聯：(4)幼兒維持跟熟悉成人間的互動。
麗雅對梅根的計畫（要和麗雅一起做獎牌帶）做回應，和梅根手牽手走到美勞區。	F.和其他的幼兒產生關聯：(2)當其他的幼兒主動與其互動時，幼兒做出回應。
丹尼爾用空心積木和維克特一起做了個狗屋，把麗雅和梅根圍在裡面，然後他又跟亞力斯一起做狗狗秀的獎牌帶。	F.和其他的幼兒產生關聯：(5)和其他的幼兒一起參與複雜的工作。
在工作時間，凱西在完成電腦遊戲「山米的科學屋」中的一個動作之後，她把滑鼠交給茱麗雅，並且解釋說她這麼做，「……因為妳是我最好的朋友。」	G.和其他的幼兒做朋友：(3)幼兒指認一位同學是他的朋友。
在工作時間，愛胥麗解釋了她要帶幼兒離開家的原因之後，亞力斯靠近她並且把手搭在她的肩上說：「這也是你沒辦法的事。」	G.和其他的幼兒做朋友：(5)幼兒接受朋友的社會性支持並且展現對朋友的忠誠。

在工作時間，當蘇從莎菈雅手中拿走娃娃時，塔弩卡說：「蘇，不可以，看看她的臉，妳把她弄哭了，現在把娃娃還給她，等輪到妳才可以拿。」	H.參與解決社會性問題：(4)幼兒有時會企圖靠他們自己的力量，用協商或是其他社交上可被接受的方式來解決和別的幼兒的問題。
和愛瑞卡一起玩老小姐紙牌遊戲時，歐迪告訴她：「不對，把妳的紙牌轉過來，這樣傑姆斯才看不到它們。」另外他還說：「妳最好是不要抽到老小姐那張紙牌。」	H.參與解決社會性問題：(4)幼兒有時會企圖靠他們自己的力量，用協商或是其他社交上可被接受的方式來解決和別的幼兒的問題。
蘇搶了莎菈雅抱著的娃娃，塔弩卡告訴她要把娃娃還給莎菈雅，等輪到她時才可以拿，她回答：「我不要，妳又不是我的老闆。」	I.了解和表達感受：(2)幼兒表現或是用語言來表達感受，有時他們用無法被接受的方式。
在工作時間，當莎菈雅躺在娃娃床裡時，麥可用手搭著莎菈雅並且前前後後的搖著嬰兒床。	I.了解和表達感受：(5)幼兒適當的回應別人的感受。

 # 成人的訓練活動

　　我們將重點放在教室裡的活動與重要經驗：**自發性和社會關係**之間的關係上，請參與者將下列的重要經驗和軼事記錄做配對，並且將號碼寫在預留的空格中。參與者可以自己做也可以和別人一起做。

關於自發性和社會關係的重要經驗

1. 作和表達選擇、計畫和決定。

2. 解決在遊戲中所遇到的問題。

3. 能夠照顧自己的需要。

4. 用語言表達感受。

5. 參與團體的作息。

6. 能夠敏感於別人的感受、興趣和需要。

7. 與幼兒和成人建立關係。

8. 創造和經歷合作性遊戲。

9. 處理社會性衝突。

遊戲的軼事記錄

_____ 維克特和丹尼爾一起在蓋狗狗秀要用的舞臺，當丹尼爾不小心撞倒了一部分的舞臺時，維克特推了他，並且說：「出去！」

_____ 馬克說：「我可以幫凱菈把尿布貼好。」

_____ 奧德瑞打開電腦選了「**遊戲間**」的遊戲，並且說：「誰要跟我一起玩？」

_____ 麥德森把奶瓶給維克特看並且說：「我要在你幫我照顧嬰兒之前先餵他。」

_____ 在工作時間，傑姆斯幫寄居蟹蓋了個迷宮，並且還要老師幫忙把寄居蟹從盒子裡拿出來。

_____ 歐迪和唐納德輪流推和坐嬰兒推車。當輪到唐納德坐推車時，他說：「歐迪推快一點，我喜歡快一點。」

_____ 「當媽咪在她房間裡哭的時候，我覺得很傷心。」愛胥麗這樣告訴麥德森。

_____ 漢娜試著要反著幫娃娃包尿布，當尿布掉了下來，她又把娃娃抓過來，還請凱菈把娃娃的腳抬起來，然後她把尿布從娃娃的腳中間拉過去，黏緊尿布的沾黏處。

_____ 在愛胥麗分享她假裝到佛羅里達的旅行之後，亞力斯問她：
「妳覺得好些了嗎？」

慶祝

經歷節慶和特殊事件

葛萊漢計畫今天要到美勞區工作，他媽媽再過三週就要生第二個寶寶了。他到美勞區拿了膠帶、麥克筆和報紙。把這些東西拿到娃娃家之後，他又拿了一個嬰兒的手搖玩具、一片尿布和一本硬皮書，他把這些東西都用報紙包了起來。接著他拿了個娃娃塞到自己的衣服裡面，坐在剛包好的東西旁邊的椅子上。「我現在要舉行嬰兒賀禮贈送會了，把禮物拿過來放在這裡。」他這樣跟老師說。（譯者按：美國人的習俗，在懷孕末期會舉行嬰兒賀禮贈送會，在這個贈送會裡，親友們會把他們要送給小嬰兒的禮物帶來送給媽媽，一般送的東西常是小嬰兒的玩具、用品或是育兒所需要的東西）。

◎

　　週一的早上，當唐納德和媽媽一起到學校來的時候，老師問他：「你的週末過得如何啊？」唐納德說他去看了一個街頭藝術表演，在那裡他看到一位藝術家「把一些東西倒在一位女士的臉上」。他繼續說：「那位女士的鼻子插了兩根吸管，嘴巴插了一根吸管，好讓她可以呼吸。」當唐納德描述他的週末經驗時，他媽媽站在一旁微笑著。稍後，他媽媽補充解釋著，他們看到了一位藝術家為了要做個面具，用石膏塗抹在一位女士的臉上，那位藝術家的確用了吸管好讓那位女士可以呼吸。

　　稍後，在那天早上的點心時間裡，唐納德告訴凱麗關於他去看街頭藝術表演的事情：「我看到了小丑鈴噹和她那隻大腹便便的豬韋柏。我一碰牠，牠就發出豬叫聲。」他還告訴凱麗，另一位小丑用氣球做了個藍色的狗狗給他，而且「那裡很擠，又很熱，我開始有點不高興。」他接著說，爸爸告訴他「坐在草地上聽音樂會比較涼快，也不會覺得那麼煩躁了」。當老師問他聽到哪種音樂時，他說：「有人站著打鼓，也有人正在街上跳舞。」

某個二月中的早晨，老師站在教室門口歡迎那些到學校來的家長和幼兒。娜塔夏把外套脫掉，她穿了粉紅色的褲襪和一身粉紅色的芭蕾舞衣。她把手上的紙袋交給老師：「能不能請妳幫我把翅膀戴上？它們是要戴在後面的。」她父親向老師解釋，一早起來，娜塔夏就要穿上她萬盛節的裝扮，剛開始他不答應，並且告訴她萬盛節已經結束了。然而，她仍是非常堅持，爸爸只好跟她說，如果老師不介意她就可以穿萬盛節的裝扮到學校。老師幫娜塔夏戴好翅膀之後，她就坐下來和其他的幼兒一起看書。打招呼的時間結束時，老師請幼兒「拍動他們的『翅膀』飛到計畫桌那兒去。」當阿德瑞亞問：「拍動是什麼意思？」娜塔夏跳了起來，張開手臂上上下下的揮動著手臂，用腳尖走到了她的計畫桌那兒。接著她回過頭來說：「這就是拍動。」娜塔夏的萬盛節活動持續進行到工作時間，她和其他的幼兒假裝著要去進行要糖果的活動。

過了幾天，布里安娜從家裡帶來了一盒情人節的卡片。她媽媽跟老師說，布里安娜的姐姐利用晚上的時間寫了一些情人節卡片給她的朋友，所以布里安娜也想做同樣的事情。（美國的情人節也可以包括親友）「布里安娜不停地煩我。」所以媽媽最後決定也買盒情人節卡片給她。在工作時間裡，布里安娜搬了塊大積木，把積木立起來當桌子用，她把卡片拿出來放在「桌」上，每張卡片的背面，她寫上自己的名字和一些只有她懂的符號。馬丁在她旁邊坐了下來，問她在做什麼：「寫卡片給我的朋友啊！」她這樣回答著。

與幼兒一起慶祝：用幼兒的觀點來看事情

　　幼兒對環境的改變非常敏感，所以他們會對節慶、社區事件、生日，以及其他特殊事件的喧鬧和興奮有所反應也就不足為奇了：在特殊事件或節慶的前後，喜歡談論與這事件有關的話題，或是在假裝遊戲中將其重演一次；他們也喜歡動手做跟這事件有關的東西，例如：卡片、禮物、裝飾和特別的食物。

　　就像我們處理其他幼兒所喜歡的活動或主題一樣，高瞻教學中的成人藉著使用適當的互動策略，提供相關的經驗和材料來支持幼兒對特殊事件的興趣。但有件事是成人需要注意的：學齡前的幼兒對這些特殊事件的體驗和成人不同。

　　首先，必須謹記的是，學齡前的幼兒對於可以直接參與活動或是使用材料的特殊事件比較有興趣。例如，學齡前的幼兒特別喜歡或記得的事件是打開禮物、穿衣裝扮或是在滿是車子的街道上聽音樂。換個角度來說，他們比較不喜歡去了解節慶的歷史和傳統意義，因為這和他們日常生活的經驗距離遙遠。學齡前的幼兒對像是哥倫布節和總統誕辰這些節日比較沒感覺，因為這些節日和他們平日的生活經驗沒有關係。這些節日對國小學生比較有意義，因為他們開始可以了解這些事件的歷史意義。

　　另一件需要謹記的事是，當你繞著特殊慶典和節日作計畫時，別忘了學齡前幼兒所需的是一致性。不論你對於將要到來的特殊事件有多麼興奮，都不要改變你在班上已建立了一段時間，且幼兒都非常熟悉的作息流程。節慶或是特殊事件常常使幼兒在家中的作息有所變動，例如：其他的親朋好友到家中來、吃特別的食物、互動方式的改變，以及睡覺時間的改變等，這些改變容易讓幼兒感到害怕或是覺得困惑。然而在幼兒園中你可以藉著維持日常作息以及物

理環境的安排來支持幼兒對於一致性的需求。在不變動你的平日作息的情況下，你可以將與特殊事件有關的活動放進原來的流程中，例如：放進小組、大團體和戶外時間裡。像是葛萊漢的老師就利用每日一早的打招呼時間以及教室裡的公佈欄來宣佈一個特別的嬰兒賀禮贈送會將要在葛萊漢的家中舉行（參考「大團體經驗」策略3，頁158）。相同的，如果你要在教室中增加一些跟特殊事件有關的材料時，把他們加入教室的學習區中，在時機恰當的情況下，利用早上打招呼時間或是小組時間來介紹這些材料。維持著教室環境和作息不變的情況下，即使你加進了新的材料或經驗，學齡前的幼兒仍會覺得他們的環境和他們過去所了解的沒有什麼不同，而且是他們可以掌控的。

✠ 萬盛節過後，幼兒仍喜歡用麥克筆來畫臉

　　繞著特殊事件作計畫時，還有一點很重要的是，幼兒是用他們自己的時間表來經驗這些節慶。他們對於一個節日的興趣完全依著他們自己的想法、經驗和幻想；有時和日曆上的日期是不太相符的。在許多幼兒園裡，對於節慶的迎接是依日曆上的日期來作準

備，成人因對於節慶的接近感到興奮，老早就為節慶的來臨做準備。他們為小組時間計畫的活動、大團體時間要唱的歌以及在環境中加上裝飾及美勞材料，都反應著節慶的到來。然後，一等節日過完的隔天，這些東西馬上都被移走了，成人接著又開始為下一個日曆上的節日做準備。但是，就在這所有跟節慶有關的東西都被移走時，幼兒卻還對該節慶興趣濃厚，這常是因為節慶必須在發生之後才與幼兒產生真正的關聯，幼兒對於節慶有關的活動興趣常常在節日之後還能持續一段很長的時間。即使在幼兒對某些節慶的興趣消退之後，有些幼兒在幾星期或是幾個月之後又會突然地對過去的某個節慶產生興趣。

像娜塔夏在二月的某天突然想穿萬盛節的衣服，就清楚地顯露出對幼兒來說只有現在是最重要的，也只有他們現在感興趣的東西才重要。對於學齡前的幼兒，過去和未來仍是個發展中的概念，所以他們對日曆上的時間仍搞不清楚。為了能用對幼兒有意義的方式來慶祝特殊的事件，成人必須考慮學齡前幼兒對時間的概念。

學齡前幼兒對於節慶活動的內容或者是特殊慶典中哪些部分是他們所看重的，在想法上可能與成人的想法不太一樣。成人年年經歷這些特殊的慶典或節日，容易受到傳統與原有儀式的設限，但幼兒則是藉著他們本身的興趣和家庭經驗的影響，以完全新鮮的看法來接觸這些經驗。我們也必須提醒自己，每個家庭在看待節日和特別的事件上都不太一樣，並不是每個人都用相同的方式慶祝相同的事件和節日的，即使他們是如此，他們也很少用相同的方式來看他們自己。幼兒的興趣以及其家庭經驗的不同，將會反應在他們與節日有關的活動上。

唯一能夠了解要如何在一件事上抓住幼兒興趣的方式就是：觀察和傾聽幼兒。例如，四歲歐嘉的烏克蘭家庭慶祝復活節的方式是做一種形狀特別的麻花辮麵包——復活節過後的幾天，老師看到歐嘉在教室用紙黏土做這種麵包。這種慶祝復活節的方式對歐嘉而言

非常重要，就老師而言也未嘗不是一種新的經驗。

⊞ 這兩位幼兒最近參與了一個戶外的慶祝活動，他們在那裡看到了小丑踩
　高蹺和藝人走繩索。回到教室之後，琳達準備著她的高蹺而克利斯則在
　老師的協助之下走著他的「繩索」

 支持幼兒對特殊事件和節日的興趣

　　因為幼兒是以他們自己獨特的方式來經歷這些特殊事件，所以
成人必須藉用觀察來發展出對幼兒有意義的策略。你對於幼兒行動
和談話的觀察，將會讓你了解到他們對於這些特別的慶祝活動之了
解和投入，也能夠引導你發展出恰當的支持性策略。

　　藉著回應唐納德看街頭藝術表演的經驗、葛萊漢的嬰兒賀禮贈
送會、布里安娜對於情人節的興趣，以及娜塔夏的二月萬盛節，老
師所發展出支持幼兒興趣的策略，將列於下。在發展出這些策略
時，老師不僅僅專注於幼兒所感興趣的層面，並且也注意到幼兒在

這類遊戲中所出現的某些重要經驗的學習。下表是老師將幼兒在這些方面的經驗加以討論和記錄的軼事記錄。這些記錄是依著高瞻重要經驗的項目來加以分類。

□幼兒觀察

創造性表徵

- 在工作時間，葛萊漢把娃娃裝在他的衣服裡面，坐在一張靠近他包好的禮物旁的椅子上，說：「我要舉行個嬰兒賀禮贈送會。」

語言和讀寫

- 在點心時間，當老師問唐納德他在街頭藝術表演中聽到什麼樣的音樂時，唐納德說：「有人站著敲鼓，也有人在街上跳舞。」
- 布里安娜整個工作時間都在寫情人節卡片給她的朋友們，她在每張卡片的背面寫上她的名字和一些符號。

自發性和社會關係

- 在工作時間，葛萊漢在娃娃家安排了一個假裝的嬰兒賀禮贈送會，然後，他對貝絲老師說：「把禮物拿來給我，把它們放在這邊。」
- 在工作時間，當馬丁問布里安娜她在做什麼時，她回答：「做卡片給我的朋友啊！」

動作

- 在老師提議「讓我們拍動翅膀飛到計畫桌那兒去，」娜塔夏伸出雙臂上下拍打著，然後用腳尖走到作計畫的地方。

音樂

• 在工作時間，娜塔夏從美勞區拿了個紙袋，假裝敲著娃娃家的門，及吟誦「不請客就搗蛋，不請客就搗蛋（英文 Trick or treat 音很近），給我一些好東西吃」。

分類

• 在工作時間，葛萊漢為他的嬰兒賀禮贈送會選了三樣東西來包裝：一個嬰兒的手搖玩具、一片尿布和一本硬皮書。

序列

• 在工作時間，娜塔夏穿著她的芭蕾舞裝轉圈圈，愛瑪對她說：「我的芭蕾舞音樂盒愈走愈快。」

數目

• 在早上的打招呼時間裡，唐納德提到他在街頭藝術表演裡看到「有位女士鼻子插了兩支吸管，嘴裡含著一支吸管。」

空間

• 在工作時間開始時，娜塔夏請卡蘿老師幫她把翅膀裝上，「他們是裝在後面的。」收玩具前五分鐘，她又找卡蘿老師，「幫我把翅膀拿下來，剩下的我自己會做。」

時間

• 在工作時間，葛萊漢打開了嬰兒的賀禮之後，從椅子上站起說：「好吧！現在可以開始吃東西了。」

一般性的教學和互動策略

✔當幼兒透過遊戲來扮演或是重現他們在節慶或是特殊事件上的經
驗，成人在與幼兒互動時需要努力地去辨識以及恰當地回應幼兒
所定義的特殊事件。不要把你對特殊節慶的想法壓在幼兒的身
上，等幼兒在遊戲中出現有關節慶的情境之後，你再依著幼兒的
想法做回應。例如，當歐嘉用紙黏土做出特別的復活節麵包時，
老師也在一旁學著她做，雖然老師個人的復活節經驗總是有著復
活節的籃子和兔子。同樣地，當葛萊漢邀請他的老師假裝來參加
他所設計的嬰兒賀禮贈送會時，老師依著葛萊漢的行動來做回
應，老師跟葛萊漢說，等她包完要送給嬰兒的禮物後就過來，接
著老師模仿她在幾分鐘之前看葛萊漢所做的，從書架上拿了本書
然後用報紙包起來。當老師在美勞區包書時，卡琳坐在老師的旁
邊工作，老師告訴她，她正在為葛萊漢的嬰兒賀禮贈送會包禮
物。幾分鐘之後，老師注意到，卡琳也在包她要帶去的禮物了。

✔你需要注意一個事實，那就是幼兒有時會在某個特別節慶過後，
又突然地記起該事件，有時甚至於是幾個月之後。無論何時，當
幼兒決定要重新經驗該事件時，我們都應該支持他們，不需要去
在意時間上的合宜。如果有幼兒像娜塔夏一樣，在二月裡想玩萬
盛節要糖果的遊戲，就參與他們的遊戲，千萬不要因為萬盛節早
已過去就制止他們的遊戲。

✔預期有些幼兒對於你和其他幼兒所感到興奮的節日慶祝活動並不
太感興趣。例如：在本章所舉的例子中，並不是所有的幼兒都喜
歡跟布里安娜一起寫情人節的卡片，或是對娜塔夏的萬盛節活動
感到興趣。在這些情況裡，老師僅僅觀察幼兒的興趣和遊戲點
子，並且使用恰當的支持策略來鼓勵幼兒。

✔有些幼兒甚至於會對與節慶有關的活動感到擔心和害怕，在這樣的情況下，老師需要了解幼兒的感受並且支持他們去找一個讓他們覺得比較舒服的活動來玩。當娜塔夏在假裝玩「不請客就搗蛋」的遊戲時，卡琳跑去找老師說：「我害怕萬盛節，我不喜歡它，快叫她停下來。」老師回答：「萬盛節是有點可怕喔！」老師陪著卡琳直到她去參與別的活動爲止。老師的話及行動支持了卡琳對於她過去經歷的表達，並且讓卡琳知道老師了解並且同理她的感受。

✔經由行動讓幼兒了解到你真的在傾聽他們描述所經歷的特殊事件。當唐納德談到他參觀街頭藝術表演，坐在草地上聽人們在街道上打鼓時，老師就站了起來，好像在打鼓一樣的上上下下移動她的手。「唐納德，他們是這樣打鼓的嗎？」「不是，鼓還要再低一點。」他如此回答著。

✔可能的情況下，將幼兒突然又記起的節慶或是特殊事件的想法加在教室的活動之中，即使需要將你原先所做的活動計畫做一點變動。當娜塔夏的老師請幼兒像蝴蝶一樣地拍動翅膀到計畫桌去時，她就執行了這個策略。老師並不知道娜塔夏會穿著萬盛節裝扮到學校來，但老師計畫利用不同策略來轉換計畫時間，以回應娜塔夏突然出現的興趣。

✛ 即使幼兒在二月中做出萬盛節的裝扮，也不需感到驚訝

增加室內和戶外的材料

1 如果幼兒在教室裡把家中一些特別的慶祝事件重演出來，你可以在美勞區加入一些包裝紙、繩子、緞帶以及一些與節慶或是特別事件有關的卡片，也可找些用過的舊卡片的前頁部分。

2 在幼兒假裝參與一個嬰兒賀禮贈送會之後，你可在娃娃家增加一些適用的材料。葛萊漢的老師在娃娃家增加了一些類似於葛萊漢家中所收到的禮物：硬皮書、嬰兒手搖玩具、毯子、尿布、嬰兒推車和嬰兒床。

街頭藝術表演

3 在班上幼兒看過了街頭藝術表演之後，你可以在教室內增加一些可供搭建的材料，以鼓勵幼兒搭蓋他們自己假裝的臨時攤棚。唐納德的老師在教室的建構區增加了很長的木片、槌子、安全眼鏡和鐵釘。（這時，老師已帶過全班的幼兒去看過唐納德所看過的街頭藝術表演。在這次的戶外教學中，幼兒看到藝術家和那些幫忙的人如何搭建攤棚。）

4 用戶外時間或是小組時間，架設你自己的戶外街頭藝術表演區，可以用大型的交通用圓錐柱隔離街頭藝術表演區和其餘遊樂場的部分。圓錐的後面放一些大紙箱，箱底以幼兒的美勞作品來加以裝飾。你可能需要增加一個舞台及一些樂器及麥克風的裝備（做為音樂表演舞台之用），一個裝有假錢的盒子讓幼兒可以買賣他們的美勞作品，以及一個擺設真的食物及玩具食物的點心攤位。把錄音機或是收音機帶到戶外，讓表演者或是街頭舞者可以使用。

第 6 章 慶祝

151

一天結束之後，仍然保留著這些攤位，讓幼兒和他們的爸媽也能到那兒去逛逛。

```
┌─────────┐
│ 節日    │
└─────────┘
```

5 為了能增加幼兒對穿萬盛節裝扮的興趣以及協助紓緩那些對萬盛節感到害怕的情緒，可以在美勞區增加一些做面具的材料和畫在臉上的油彩。（如果你的教室有電腦，你也可以增加一些電腦的軟體，如 Queue 公司所出品的「面具大遊行」（*Mask Parade*）。那些對裝扮和面具感到恐懼的幼兒，在看到他們所熟識的人臉上塗彩，或是帶上面具，對於他們恐懼的心情也許能有所幫助。仍需注意的是，有些幼兒也許仍然感到害怕，在這樣的情況下，成人需要很恰當地回應他們的擔憂。

6 幫那些在你教室內穿著萬盛節慶祝服裝的幼兒照相，如果幼兒在稍後的日子裡又重新對萬盛節有興趣，你也可以在娃娃家放置一些幼兒以前穿過的萬盛節服裝，還可以包括要糖果的袋子和手電筒。

7 收集一些情人節或是其他節慶的卡片前頁部分，把它們放到美勞區中靠近儲放不同大小信封的容器旁，你可能還需要在信封內列一張班上幼兒的姓名和記號。在布里安娜的老師嘗試這個策略之後，布里安娜花了好幾次的工作時間在美勞區中提供的卡片上及信封上臨摹小朋友名字的字母及代表的記號。

8 收集報紙上有關節慶產品的廣告，把它們加在美勞區或是圖書區，並在書架上增加一些與節慶有關的圖書，即使是在節慶結束之後仍然回應幼兒對於節慶的興趣。就如同老師為了回應娜塔夏對萬盛節的興趣，老師從儲藏室拿出一些萬盛節的圖書擺在教室的書架上。

9 把收集來的節日卡片的前頁部分剪成一半，用盒子裝起來放在玩具區的架子上，幼兒可以用這些一半的卡片來配對或藉錯誤

配對創造出一些造型有趣的新式卡片。

10 在教室的出入口處放一個真的信箱，看看幼兒會不會用這個信箱來寄那些他們做的或選的卡片。

✚ 在教室內放置一些做卡片的材料，讓幼兒隨時可以做卡片來問候他們的朋友，或是表達節慶的祝福

計畫和回想的經驗

嬰兒賀禮贈送會

1 為了能將幼兒跟你講過的嬰兒賀禮贈送會重演出來，你可以舉行一個計畫或是回想的「宴會」，把你跟幼兒作計畫或是回想的地方佈置得像放禮物的桌子，並且在旁邊放張椅子。請幼兒把他們計畫等會兒工作時間要用的（或是剛剛工作時間用過的）東西放在桌子上。然後請幼兒假裝是收到禮物的媽媽。「媽媽」從桌上選了一項「禮物」，猜猜等一下誰要用它（或是剛剛誰用過它）。那位被猜到的幼兒就出來描述他的計畫或是分享他的工作經驗。

2 為了支持幼兒包裝和拆開禮物的興趣，把教室中每個學習區中的物品都取一些出來用報紙包裝，然後把它們放在一個大型購物袋中，放在作計畫或回想的桌上。在計畫時間，一次請一位幼兒從袋子裡拿出一件「禮物」打開它，並且問問別的小朋友：「誰要用這個東西啊？」然後請那些要用這樣東西的幼兒說說他們的計畫。回想的時間裡，請那些剛剛沒有機會打開禮物的幼兒，從剩下的禮物中選一樣，問看看是不是有人在工作時間用過這項東西。如此繼續進行到所有的「禮物」都被打開來以及所有的小朋友都描述過他們的經驗。

街頭藝術表演

3 為了和幼兒在戶外看到的街頭表演相似，可以讓班上的幼兒坐在戶外的草地上或是在教室內裝飾一些假的草。提供一個鼓或是一個跳舞的地方，讓作計畫或是回想的人可以一邊打鼓或跳舞，一邊描述他們工作計畫或經驗。

4 在計畫或回想的桌子那兒，設立一個小型的街頭藝術表演現場，用小積木搭出一個個小型的攤位，並且分別在其中放置代表各學習區圖示的卡片。請每位小朋友用小塑膠人或是小熊籌碼，走到代表他／她要去的學習區「攤位」那兒。

5 請幼兒跟他們在街頭表演中所看到的一位特別人物或是動物說說他們的計畫或經驗。例如，在唐納德談了他所看到的「大腹便便的豬」之後，老師就帶了隻塑膠豬到計畫／回想的桌子那兒，並且請幼兒把他們的計畫或是經驗告訴「章柏」。

節日

6 在作計畫／回想的地方放一個代表幼兒所慶祝節日的道具，（娜塔夏和布里安娜的老師就用一個跳芭蕾舞的娃娃和一張情人節卡片。）請幼兒輪流拿著這個道具分享他們的計畫或是經驗。

7 做一對跳芭蕾舞的翅膀並且請正在作計畫或是回想的小朋友裝上翅膀，拍動著翅膀飛到他等會兒要去玩耍的區域。其餘的小

✣ 在教室興趣區放一些可以幫助幼兒想起節日經驗的材料

朋友就跟隨著那位作計畫或回想的幼兒揮動著翅膀。幼兒輪流戴上翅膀，引導著其餘的幼兒到其他的學習區描述他們的計畫或經驗。

8 為每位幼兒提供一個個人化的情人節卡片，在卡片的背面寫上幼兒的名字和代表的記號。把這些卡片都放在一個袋子裡，哪一位幼兒的卡片被抽到，他就是下一個分享計畫或是工作經驗的人。

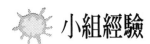 小組經驗

嬰兒賀禮贈送會

1 烤或是煮一道特別的菜或點心送給那位家中正在慶祝特別事件的小朋友家庭，在葛萊漢的家庭舉行了嬰兒賀禮贈送會之後，班上的幼兒烤了藍莓鬆餅送給他的家人。

2 問問家中的成員，在最近的慶祝活動中都吃了哪些食物，並且在小組中一起來準備類似的點心或菜。葛萊漢媽媽的嬰兒賀禮贈送會的隔天，老師準備了一些水果和鈍的刀子，幼兒剝香蕉皮和切水果來作水果沙拉。葛萊漢的爸媽也提供了一些他們昨天在慶祝會中用剩的餐巾紙、紙碗和裝飾的東西；當小組成員要吃水果沙拉時，這些東西就可一併使用來增加一點氣氛了。

3 請家長捐贈一些家中用過的包裝紙、禮物盒、禮物標籤、包裝禮物上面的裝飾花。另外提供膠帶、剪刀及麥克筆來和這些東西一起使用，並且把這些東西放在一個特定的地方，讓幼兒可以去嘗試禮物的包裝。

街頭藝術表演

4 提供材料讓幼兒能夠將他們在街頭看到的藝術創作再做一次，協助幼兒做出唐納德所看到的，藝術家幫一位女士做石膏面具

的經驗。唐納德的老師提供了吸管、做造型的陶土和紙黏土，以及一些可供做模型的材料——塑膠娃娃、恐龍和塑膠玩具。

5 為了擴展幼兒對於街頭表演的了解，讓幼兒有機會去看看這些表演現場是如何搭建和拆除的。唐納德的老師帶班上的幼兒到一個藝術街頭表演的現場做戶外教學，老師算好了時間讓幼兒可以看到所有的藝術家如何架設他們自己的攤位。他們也可以在當天結束時同樣地安排這樣的戶外教學，讓幼兒看看這些攤位是怎麼被拆下來，市街是如何被清理的。

6 如果幼兒有機會看到街頭表演的攤位是怎麼被拆除的，提供幼兒材料讓他們可以參與類似的活動。在幼兒看過藝術家怎麼搭起他們展示的空間之後，唐納德的老師提供了鎚子、釘子、木片，讓幼兒有一次戶外的小組經驗。如果幼兒已經看過工作人員如何在表演之後清理街道和走道，你可以提供掃把、刷子和大型的塑膠袋讓幼兒清理校園和走道。

節日

7 提供一些材料讓幼兒可以設計他們自己的特別節慶卡片，這些材料包括硬紙板、剪好的相片或圖片、貼紙、麥克筆、膠水等等。協助幼兒在卡片上用他們自己的方式寫下他們所要說的話，接受和鼓勵幼兒所有寫的型式，包括：塗鴉、字母形式、自創的拼音和傳統的字母和文字，你也要隨時在幼兒要求時，替他們寫下他們所說的話。如果幼兒沒有興趣，不要勉強他們做卡片，不要把你自己認為適當的卡片往來的習慣觀念硬套在幼兒的身上。

8 改天，再重複一次之前的策略，這次也提供給幼兒信封和郵票（彩色郵票可以從訂雜誌的廣告商品上得到）。

☀ 大團體經驗

1 用報紙包五或六樣嬰兒的東西,然後將它們放置在大團體的中央位置。當幼兒輪流打開禮物時,做一首關於這些禮物可以怎麼用的歌。例如,唱(用「我們來唱『繞著桑椹樹走』」(Here We Go " Round the Mulberry Bush"的曲調):

> 這是你讀一本書的方法,
>
> 讀一本書,讀一本書,
>
> 這是你讀一本書的方法,
>
> 當你有一個嬰兒。

依著其他的嬰兒物品項目,其他的歌詞可以是,「這是你推嬰兒車的方法,」「……換尿布,」「……握著奶瓶。」

2 用幼兒的話和動作來作一首描述特別節慶的歌或是手指謠,並且在教室中重新演出這些事件。以水果沙拉當點心之後,幼兒做了下面的歌,他們用「十個小印地安人」的調子來唱(幼兒的話用斜體字表示):

> *一片,兩片,三片香蕉片,*
>
> *四顆,五顆,六顆藍莓粒,*
>
> *七塊,八塊,九塊蘋果片,*
>
> *十顆小蛇莓。*

當幼兒唱這首歌時,他們做出切水果和將水果放進碗裡的動作。

3 將幼兒對特殊事件的宣佈列入一日作息之中,這樣的宣佈常是和全班一起分享的,例如,可以是在一早的打招呼時間或是大

團體時間開始的時候。葛萊漢的班上，用打招呼的時間來分享一些特別的事件，他們利用公告欄，將訊息以圖畫式表達貼在公告欄上。嬰兒賀禮贈送會之後，公告欄上貼出葛萊漢家中舉行過嬰兒賀禮贈送會的訊息。葛萊漢畫了個房子以及一位女士挺著個大肚子，當全班在討論這個訊息時，葛萊漢提供了額外的細節。這個公告欄也用來宣佈在班上增加哪些嬰兒賀禮贈送會的材料的訊息，在公告欄上出現了一些小圖片，包括：嬰兒手搖玩具、尿布、硬皮書、搖籃等圖片。

街頭藝術表演

4 用錄音機放一些幼兒在街頭表演中所聽到的音樂（例如，鐵皮鼓或是藍調），並且提供打鼓的材料，例如：木塊和木棍。鼓勵幼兒隨著音樂的節拍敲打或是跳舞。

5 請幼兒一邊描述他們觀賞街頭表演的經驗，一邊做出動作。在大團體時間，老師請唐納德表演給大家看那隻「大腹便便的韋柏豬」是怎麼移動的。接下來，他們請幼兒建議其他的動物讓大家一起來模仿。

節日

6 當幼兒像布里安娜一樣對傳統的節日顯出興趣時，可以將一些傳統節日的歌或手指謠介紹給幼兒。像下面這首傳統的情人節手指謠，幼兒可以輪流在空白處加入他們朋友的名字：

　　　　一張情人卡上寫著，「我愛你」。

　　　　_____又做了一張，一共有兩張。

　　　　兩張情人節卡片，一張是我的。

　　　　_____又做了一張，一共有三張。

　　　　三張情人節卡片說，「我們還需要一張。」

　　　　_____又做了一張，一共有四張。

四張情人節卡片，還會再收到一張。

_____又做了一張，一共有五張。

五張情人節卡片都準備好要說，

「在這快樂的日子當我的情人吧！」

7 如果幼兒對於節慶所唱的歌或玩的遊戲和日曆上的日子不符合，也不需要過度擔心。你可能並不想在一月時唱「叮叮噹，叮叮噹，鈴聲多響亮……」，但如果幼兒想唱就支持他們。如果在節慶過了幾週或是幾個月以後幼兒又再度地對該節慶發生興趣，你

✠ 「我做了張生日卡片給我媽媽，」崔說著，「因為今晚我們要吃蛋糕。」

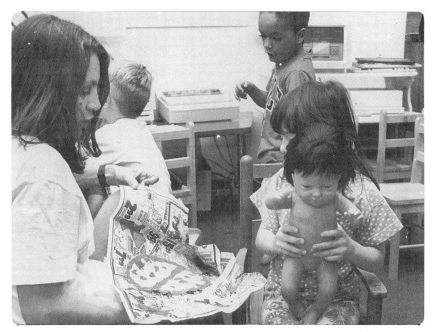

✠ 馬麗雅抱著老師的「新寶寶」，老師打開嬰兒的禮物，是馬麗雅在工作時間時畫的畫並且還用廣告紙包了起來

就重新地在大團體時間介紹跟該節慶有關的歌謠和遊戲。例如，在娜塔夏穿著萬盛節服裝到學校來的那天，老師重新介紹了過去班上幼兒很喜歡的萬盛節手指謠。他們也在大團體接近結束時，玩了個跟萬盛節有關的團體遊戲：當一位幼兒要離開大團體到下一個活動去時，她／他選了另一個小朋友，用手拍一下那位小朋友的肩膀，唸著：「不請客就搗蛋，是離開的時候了，我正在敲著你家的門。」

從觀察幼兒中我們學到了什麼

在實施本章所提的教學策略之後，成人觀察和記錄廣泛的學習經驗。他們在這些軼事記錄中指出，老師從一些遊戲事件中對幼兒有了更多的了解。在接下來的「幼兒觀察」記錄表中提供了一些記錄的樣本。每一項軼事記錄都搭配著高瞻幼兒觀察記錄的一個項

目。在軼事記錄中所呈現的不同類別的幼兒觀察記錄項目顯示廣泛的學習經驗的產生是因為老師支持幼兒的興趣。值得注意的是，這些學習經驗牽涉的不僅是某位幼兒的行動對某一特定教學策略具有驅動力，對團體中其他幼兒具有同樣的啟發作用。

☐幼兒觀察

自發性

老師的軼事記錄	高瞻幼兒觀察記錄項目和層次
在計畫時間，布里安娜說：「我要寫情人節卡片，還要把我朋友的名字寫在信封上。然後，我要把卡片放在他們的置物櫃裡。」	A.表達選擇：(5)幼兒對於他們想進行的活動給予詳細的描述。
在工作時間，梅根把娃娃放在尿布上並且試著要從娃娃的腳中間把尿布拉過去，在行不通之後，她把娃娃放在桌上走到沙桌那兒去玩了。	B.解決問題：(2)幼兒能夠辨識問題，但未嘗試去解決它，就轉往別的活動了。
在大團體時間，當別人在唱有關於嬰兒用品的歌並且做出動作時，蕾萊坐在一旁微笑著。	C.參與複雜的遊戲：(2)幼兒對於簡單使用材料或是簡單的參與活動顯出興趣。
在工作時間，葛萊漢在娃娃家包完嬰兒賀禮贈送會的禮物之後，他把膠帶、麥克筆和剩下的報紙歸回美勞區。	D.配合著課程的流程：(4)在沒有被提醒的情況下，幼兒主動參與課程的流程。

社會關係	
老師的軼事記錄	高瞻幼兒觀察記錄項目和層次
在戶外時間，麥德森邀卡蘿老師一起去逛藝術展覽，看看「在箱子底漂亮的圖片」。她拿了兩本本子，一本給老師，說：「這兒有些錢，如果妳想要買東西。」這樣的遊戲一直在戶外時間進行著，後來卡蘿老師需要離開，她又邀了別的成人一起玩。	E.跟成人產生關聯：(4)幼兒維持與熟識成人間的關係。
有一半的工作時間，歐迪、馬麗雅和傑姆斯都在玩萬盛節要糖果的遊戲，馬麗雅用紙做了一些點心，傑姆斯和歐迪假裝吃下它們。	F.和其他的幼兒產生關聯：(4)幼兒維持著與其他幼兒的互動。
在工作時間，馬丁問布里安娜有沒有要做張情人節卡片送他時，布里安娜回答：「有啊，因為你是我的朋友啊！」	G.和別的幼兒做朋友：(3)幼兒指認一位同學是他的朋友。
在朱里歐大聲的問，為什麼娜塔夏在二月裡穿著萬盛節的衣服時，史帝芬對朱里歐說：「別說娜塔夏瘋了，那會傷了她的心。」	H.參與社會問題的解決：(4)幼兒有時會藉著協商或是用社交上能被接受的方式來獨立解決與其他幼兒的問題。
在娜塔夏假裝拍動著翅膀飛到計畫桌之後，凱菈轉頭對老師說：「她很興奮呢！」	I.了解和表達感受：(5)幼兒恰當地回應別人的感受。

創造性表徵

老師的軼事記錄	高瞻幼兒觀察記錄項目和層次
在工作時間，莎菈雅把黏土壓入做鬆餅的模子裡說，這是要送給葛萊漢家嬰兒的小蛋糕。	J. 製作和建構：(4)幼兒使用材料做出簡單的表徵，並且說明或是展示它是什麼東西。
在工作時間，茱麗雅拿著油彩的材料和一面鏡子，然後，凱西面對著鏡子坐下來，茱麗雅在凱西兩邊的臉頰上各畫了三道線，說：「好了，妳看起來像隻小貓。」	K. 線畫和彩繪：(3)幼兒畫或彩繪出簡單的表徵。
在工作時間，馬麗雅把紙片塞入一個塑膠做的南瓜。她抱著南瓜坐在娃娃家的入口處，說：「我要給糖果了，快點過來。」	L. 假裝：幼兒假定了某個人的角色或是某件事情，或是用他們所假定角色的合適語氣來說話。

音樂與動作

老師的軼事記錄	高瞻幼兒觀察記錄項目和層次
在戶外活動時間，歐麗維雅手拿著掃帚從遊戲場的一邊走到另一邊，她說她正在「清除髒亂」。	M.展現肢體的協調性：(4)幼兒邊移動身體邊操作物體。
在小組時間，喬登用他的大姆指、食指和中指撿起一些小段的吸管並且把它們塞入做造型的陶土裡。	N.展現手部的協調性：(2)幼兒使用適當的手指和手的動作來處理或是撿起小物品。
在大團體時間，當幼兒用聲音和動作唱著關於如何使用跟嬰兒有關的東西時，納申尼爾用手比出「推嬰兒車」的動作。	P. 跟隨音樂和動作的指引：(2)幼兒跟隨口語指令做出一個單一動作。

語言和讀寫

老師的軼事記錄	高瞻幼兒觀察記錄項目和層次
在打招呼時間，當安德瑞娜問：「什麼是拍動翅膀？」娜塔夏用身體示範之後，回過頭來說：「這就是拍動翅膀。」	Q.了解語言：(3)幼兒對一個簡單、直接及口語的句子做回應。
在小組時間切水果做水果沙拉時，葛萊漢說：「這些藍莓把我的手指都弄藍了。」	R.說話：(2)幼兒用超過兩個字的簡單句。
在打招呼時間，麗雅請卡蘿老師唸故事書《好可怕，好可怕的萬聖節》給她聽。	S.顯示對閱讀活動有興趣：(3)幼兒請成人講故事，或是唸標誌或字條給他聽。
在工作時間，梅根和法蘭西絲一起看著報紙的廣告部分，法蘭西絲說：「看，這裡有個 T 是在 Target 的店裡。」	U.開始閱讀：(2)幼兒可以辨識一些字母和數字。
在工作時間，梅根走到圖書區，拿出報紙廣告情人節禮物的部分，並且坐在沙發椅上從頭到尾的看過一遍。	T.展現對書的知識：(2)幼兒拿起書並且用約定俗成的方法拿著書，翻著書看。
在小組時間，布里安娜用一張圖畫紙畫了顆心，在心中間她寫了「I lve u.」。她告訴坐在旁邊的崔，「我要把這個給我媽媽和說我愛妳（I love you）。」	V.寫的開始：(4)除了自己的名字以外，幼兒寫一些字或是短句子。

邏輯和數學	
老師的軼事記錄	高瞻幼兒觀察記錄項目和層次
史帝芬從盒子裡拿出些剪成一半的卡片，把它們分成兩堆。然後他說：「這些是聖誕節的卡片，這些是嬰兒賀禮贈送會的。」	W.分類：(4)在分類裡，幼兒將某些方面相同的東西放在一起，並且偶爾描述一下他做了什麼。
在小組時間切水果做水果沙拉時，葛萊漢說：「我們的宴會裡有吃這個（指著藍莓），可是沒有香蕉。」	X.使用「沒有」、「一些」，和「全部」：(4)幼兒用「沒有」來辨識一樣特質，而將一個物品排除在一個類別之外。
在小組時間，優蘭娜將兩條香蕉並排放著，指著它們說：「小，大一點。」	Y.以漸進的次序排列材料：(2)基於一個特性，如：大小、顏色深淺或是材質，幼兒將兩或三項物品依其漸進次序排列。
在大團體聚集時間，當大家圍著包起來的禮物坐著時，妮可說，「糟糕，小朋友比禮物還多耶！」	AA.比較東西的數目：(2)幼兒比較不同組群物品的數量，並且正確地使用像「比較多」和「比較少」的字眼。
在工作時間，布萊登指著登在報紙廣告上，他最喜歡的玩具說：「我要這個，這個，還有這個。那一共是三樣東西。」	BB.數物品：(3)幼兒正確地數至少三樣東西。
在打招呼時間，在看《剛出生的寶貝》（The New Baby）這本書時，傑克跟葛萊漢說：「你媽媽會先生寶寶，然後就是我媽媽了。」	DD.描述順序和時間：(3)幼兒描述或是將一系列的事件以正確的發生順序來呈現。

☀ 成人的訓練活動

這個訓練經驗的設計是讓所有參與者能討論一下，用對幼兒有意義的方式來慶祝特殊節慶的重要性。給予參與者下面的指示：

請和你的組員們依照：「幼兒的選擇、幼兒的創造力以及解決問題的機會」來討論以下的兩種情況。

状況一

成人在幼兒園甲施行了一連串的節慶活動。感恩節的前三天，在成人主導的小組活動中，幼兒可以選擇要做清教徒的帽子或是印第安人的頭帶。成人提供給幼兒一些事先剪好的材料。感恩節的前兩天，幼兒戴著他前一天所做的帽子或是頭帶，圍著一張鋪上感恩節桌巾的長桌子，並且在桌子中央放有火雞。幼兒吃他們的點心，一邊吃老師一邊解說著第一次感恩節大餐的重要意義。感恩節的前一天，幼兒製作感恩節的圖片帶回家送給父母。為了幫助每位幼兒製作一張圖片，老師幫忙把幼兒的手描在白紙上，然後請幼兒塗上不同的顏色，使它看起來好像是火雞的羽毛。在每張圖片的背面成人寫上「感恩節快樂！」

☺幼兒的選擇：

☺幼兒的創造力：

☺解決問題的機會：

状況二

　　　　感恩節假期之前和之後的幾天，幼兒園乙把下面的
材料加入教室的學習區中：皮箱、做派和鬆糕的模子、
真的南瓜和葫蘆、橙色和棕色的圖畫紙以及顏料、超市
感恩節食物的廣告單、製作南瓜派和麵包材料的罐頭及
紙盒、關於火雞和感恩節故事的書、橙色的黏土。

☺幼兒的選擇：

☺幼兒的創造力：

☺解決問題的機會：

容易製造「髒亂」的材料

7

傾倒、填滿、混合和模塑

開學以來的一個月裡，凱麗每天都計畫到沙水桌那兒去工作，現在她正在那裡填沙呢！即使她是最後或幾乎是最後一個作計畫的小朋友，她也絲毫不受其他人作計畫的影響，仍然做著相同的計畫。當凱麗走到裝滿沙的桌邊時，她總是用湯匙、漏斗、鏟子、杯子安靜地玩，用這些工具把沙倒入塑膠容器內；倒空它，再填滿。有時候，她會踮起腳尖，把手舉高讓沙從很高的地方落入容器內，有時候她會趴在桌上，把沙從一個容器倒入另一個容器內。

學期剛剛開始的那幾週，凱麗很少跟其他那些也在沙桌玩耍的同伴說話。當她主動與他人互動時，她的方式通常都是把杯子裝滿沙，然後拿給一位成人或是小朋友，說著：「一杯咖啡。」如果對方假裝喝了那杯咖啡，她就會咯咯笑說：「那是毒藥！」

這是個多雨的十月份。某天的戶外時間，布萊登正在踩踏著一灘泥濘，他一邊笑著，一邊上上下下的跳著。「你不覺得泥巴很棒嗎？」他開心的說著。受到了布萊登的鼓舞，老師決定要在原先裝著沙的沙水桌裡加入水。隔天早上當幼兒發現沙中有水時，他們以許多不同的方式加以反應。萊妮亞站在遠遠的地方看著別的幼兒靠近沙水桌，每次只要有想要去摸濕沙的小朋友加入，她就會告訴那位幼兒：「那會把你的衣服弄髒，你最好不要碰。」布萊登走到沙水桌那兒，馬上就開始用手拍打著水。他向站在一旁的維克特解釋：「我假裝把手當成腳，像我在戶外用腳踩水一樣。」

很快地，一群幼兒就圍著沙水桌，專注地在玩沙。每位幼兒似乎都用著不同的方式玩沙和水。站在布萊登旁邊的唐娜把手伸入沙中，唱著：「擠啊！擠啊！擠啊！」同時把手掌中的

沙從手指間擠出。馬麗雅用鏟子挖了一排的洞，並且說：「水會從一個洞流到另一個洞裡。」當幼兒將乾的沙與水混合時，一些新的遊戲點子也冒了出來。總是在湖邊渡暑假的卡琳，用圓型的容器做出各種大小的泥巴派。她把容器裝滿了沙子，用手把沙子壓緊，把容器倒扣過來，小心地把容器拿開。然後，她把冰棒棍和樹枝插入泥巴派裡並且唱「生日快樂」。為了多增加一點沙水桌的宴會氣氛，麥德森從娃娃家拿了盤子和切割餅乾的器具過來。她切了一些沙餅並且把它們放在盤子上。她解釋著說：「快要過節了。」而餅乾是「要給那些到我家來拜訪的人吃的。」

十二月的一個早晨，大部分的幼兒都坐在圖書區進行打招呼時間，法蘭西絲隔空對著圖書區的幼兒叫著：「快來看，沙桌裡有雪耶！」這馬上引起一陣興奮，有六位小朋友立刻離開圖書區跑到法蘭西絲那裡。一位成人留在圖書區繼續完成早上的訊息宣佈，當然這也包括了宣佈那令人驚奇的雪。同時，另一位成人──芭芭菈老師走過去加入那些去看雪的幼兒。當她走過去時，法蘭西絲正在向小朋友們解釋：「你們可以從外面那個貼有手套圖片的藍色箱子裡找到手套戴，保持手的溫暖。」芭芭菈老師從箱子裡找了一雙適合她戴的手套，戴上它們，又靠過去幼兒所圍的桌子那兒，說：「我想我的第一個計畫就是要在這兒工作。」她開始用手挖雪，而站在她身邊的幼兒有的用手拍著雪，有的挖雪，有的把塑膠管直直地插入雪中。

那一週裡一直都下著雪，芭芭菈老師和她教學的伙伴們每天都把沙桌裝滿了雪。日子一天天過，幼兒繼續地挖雪、拍雪和在雪裡戳洞。一天早上，歐迪在沙桌那兒把雪堆得高高的。他往後退了幾步說：「嘿！一座山，我要去滑雪了！」接著就

離開了沙桌。他到玩具區和美勞區幾分鐘之後又回來，手上拿了個塑膠小人、膠帶和兩根冰棒棍。他把材料交給芭芭拉老師說：「幫我把腳握著，我要把冰棒棍用膠帶黏在他的腳上。」老師照著他的指示做，他將冰棒棍黏在塑膠小人的腳上之後，他就開始用他的小滑雪人在他的雪山上上下下地滑著。

茉麗雅在看了歐迪幾分鐘之後說：「我要一個有雪橇的，歐迪幫我做一個。」「現在不行，我很忙。」他回答。同樣也站在桌邊的傑姆斯跟茉麗亞說，「我來幫妳。」拿了個小塑膠人和一個瓶蓋來當雪橇之後，茉麗雅試著要把塑膠小人塞進瓶蓋裡可是沒有成功。當她弄不成時，她很生氣地大叫，同時也把塑膠小人和瓶蓋丟到教室的另一頭去了。「我討厭這個遊戲，根本就沒辦法弄好。」芭芭拉老師靠近她，平靜地說：「當事情沒辦法做成我們要的樣子時，真是很令人氣餒的。」茉麗雅爬上老師的大腿繼續的哭。歐迪靠近茉麗雅並且建議：「像我這樣的黏啊！」茉麗雅重新把她的材料從教室的另一頭撿了回來，成功地嘗試了歐迪的建議，在剩餘的時間裡她都在歐迪造的雪山上上下下地推著她的雪橇。當歐迪和茉麗雅繼續地在雪山上上下下地推著他們的塑膠小人時，傑姆斯在雪山上排了一排的塑膠管。他解釋，這些指標是要把滑雪的範圍標示出來，這樣他們滑下山坡時才不會衝撞到在下面走路的人。

用「髒亂」的材料來做探索、實驗和扮演

填滿、灌注、傾倒、模塑和混合的過程重複地在幼兒的遊戲中出現。幼兒對於填滿和傾倒的興趣從他們生命的早期就開始了。在那些嬰兒、學步兒和學齡前的幼兒可以自由探索的家庭環境中，成人們常常會發現一些架子上的東西、櫃子和盒子裡的東西被幼兒拿

出來倒在地板上。裝在罐子裡的蠟筆或是麥克筆，對學步兒而言，比較像是他們可以傾倒和填滿的玩具而不是畫畫的工具。

學齡前的幼兒常常非常著迷於傾倒和填滿的動作和效果。像嬰兒和學步兒一樣，較大一點的學齡前幼兒也很喜歡把罐子或是籃子裡的玩具倒出來弄得跟小山一樣。有的時候他們傾倒東西只是單純地因為他們喜歡傾倒，並從其中得到了跟他們操作和掌控其他熟悉材料一樣的滿足和快樂。有的時候他們會將填滿和傾倒的經驗加上一些表徵性的稱呼，例如：在萬盛節過後的一個早晨，卡琳和唐納德把玩具區架上的玩具全倒了出來，弄成一堆。他們用這些玩具來代表那些他們在萬盛節中所要到的糖果，他們也喜歡假裝在這堆玩具中選「糖果」。

卡琳和唐納德的遊戲只是許多倒空和填滿的遊戲例子中的一個。如果填滿和倒空的材料也能包括那些可以拿來捏塑的材料，例如：雪、陶土和泥巴，那麼玩耍的可能性又更擴大了。幼兒可以用許多不同的方法來使用這些模塑的材料。 唐娜用手捏擠著濕的沙子，讓沙子從手指間流出來，她也用相同的方法去探索其他新的材料。馬麗雅則專注於在濕的沙子上挖一連串的洞以及她所能做出的創造。也有些幼兒像卡琳和麥德森，會用這些材料來代表那些對他們而言是屬於重要的事情和經驗。

姑且不論幼兒個別的遊戲興趣，你可以確定的是，幼兒可以一次又一次的利用你所提供的材料做填滿、倒空和模塑。在你觀察幼兒用這些材料來玩耍時，高瞻幼兒觀察記錄提供了一個有助於將遊戲中所產生之學習經驗記錄和詮釋的參考架構。我們在本章開頭時所舉的一些例子仍會在下表中出現。在每一則記錄旁邊對應著老師使用高瞻幼兒觀察記錄所辨識出幼兒行為的重要發展方向。

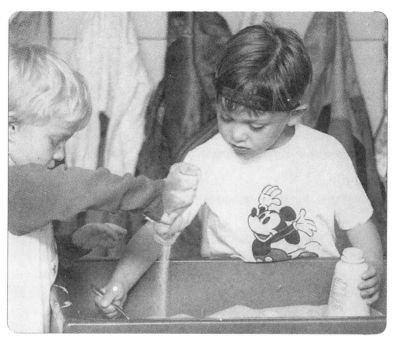

田 填滿和倒空也可以是一個社會性的經驗。 當馬克和布萊登一起在沙水桌工作時，馬克告訴布萊登說：「我來加一湯匙的毒藥。」

□幼兒觀察

自發性

老師的軼事記錄

在工作時間，歐迪把雪堆成小山之後宣稱他要去「滑雪」。他拿了小的塑膠玩具人、膠帶和冰棒棍，並且請芭芭菈老師「幫忙拿

高瞻幼兒觀察記錄項目和層次

B.解決問題：(4)幼兒展現些許的堅持度，試著用幾個不同的方法來解決一個問題。

著塑膠小人的腳，好讓我把冰棒棍黏上去。」	
在工作時間，凱麗用鏟子和容器把沙水桌裡的沙從一端移到另一端，有時她從很高的地方灌注下來，有時她趴在桌子上倒。	C.參與複雜的遊戲：(2)幼兒對簡單地使用材料或是參與活動展現興趣。

社會關係

老師的軼事記錄	高瞻幼兒觀察記錄項目和層次
在戶外時間，布萊登踩踏著地上的一灘泥濘，然後跑去跟彼得老師說：「你不認為泥巴很棒嗎？」	E.跟成人產生關聯：(3)幼兒主動地與熟悉的成人互動。
在早晨的打招呼時間裡，法蘭西絲是第一個發現沙水桌裡有雪的小朋友，當別的小朋友跑到她身邊工作時，她告訴他們：「你們可以從外面那個貼有手套圖案的藍色箱子裡找到手套戴，讓手保持溫暖。」	F.跟別的幼兒產生關聯：(3)幼兒主動地與其他的幼兒產生互動。
在工作時間，當茱麗雅要求歐迪幫忙，可是歐迪回答他沒空之後，傑姆斯（他在附近）說：「我幫妳。」	I.了解和表達感受：(3)幼兒了解別人的感受。

創造性表徵

老師的軼事記錄	高瞻幼兒觀察記錄項目和層次
在工作時間，唐娜把手放在加了水的沙子裡，並且唱著：「擠呀！擠呀！擠呀！」一邊用手擠著沙子，讓沙子從指縫中流出來。	J. 製作和建構：(2)幼兒探索製作和建構的材料。
在工作時間，布萊登在沙水桌那兒，開始用手拍打著水。他向站在一旁的維克特解釋：「我假裝把手當成腳，像在戶外的時候一樣。」	J. 製作和建構：(4)幼兒使用材料做一個簡單的表徵，並且述說或是展現他所做的是什麼。

音樂和動作

老師的軼事記錄	高瞻幼兒觀察記錄項目和層次
在工作時間，卡琳用不同大小的容器裝沙，裝滿之後，拍平，去掉多餘的沙子。然後，她把容器倒過來放，再把容器除去，留下沙子依著原有容器的樣子站立著。	M.展現身體的協調性：(5)幼兒參與複雜的動作。
芭芭菈老師幫忙拿著冰棒棍，歐迪把塑膠小人的腳用膠帶黏在上面，做成他所計畫要做的滑雪的人。	N.展現手部的協調性：(4)幼兒精確地操作小物件。

語言與讀寫	
老師的軼事記錄	高瞻幼兒觀察記錄項目和層次
在工作時間，當茱麗雅無法把塑膠玩具人塞進她想拿來當雪橇的瓶蓋時，她把玩具人連瓶蓋一起丟到教室的另一頭去了。當歐迪建議：「用膠帶試試看。」（像他將冰棒棍黏到小人的腳上一樣。）她又把東西撿回來，用歐迪的方法完成了工作。	Q.了解語言：(3)幼兒對簡單、直接的對話語句做出回應。
在工作時間，喬妮雅跟那些碰濕沙子的小朋友說：「那樣會把你的衣服弄髒，……你最好不要碰。」	R.說話：(2)幼兒使用超過兩個字的簡單句。
在工作時間，茱麗雅看著歐迪用塑膠玩具人在雪堆上上下下地滑著雪，她說：「我也要玩這個，可是我要用雪橇來滑雪。」	R.說話：(3)幼兒所使用的句子中包含兩個或是兩個以上不同的想法。
邏輯和數學	
老師的軼事記錄	高瞻幼兒觀察記錄項目和層次
在工作時間，馬麗雅在沙堆中挖了一系列的洞，然後看著水從一個洞流到另一個洞。她說：「水從一個洞流到下一個洞。」	CC.描述空間的關係：(4)幼兒用語言來描述物體移動的方向。
在工作時間，傑姆斯在雪堆的兩旁加了塑膠管子，說：「這樣滑雪下來的人才不會撞到下面的人。」	CC.描述空間的關係：(4)幼兒用語言來描述物體移動的方向。

在工作時間，麥德森用濕的沙子做了許多的餅乾，並且解釋她做餅乾是因為「快要過節了。」她還說：「餅乾是要給那些到我家來拜訪的人吃的。」	DD.描述順序和時間：(5)幼兒用語言來表達傳統的時節，以正確的順序來描述或是呈現一系列的事件。

支持幼兒的灌注、填滿、混合、傾倒和模塑

　　我們的觀察讓我們了解到幼兒是天生的傾倒和灌注者，他們對於填滿和倒空的興趣會一直持續到小學階段。我們也注意到，年幼的幼兒常覺得把東西倒出來或是倒空，要比把東西裝回去或是放回原位來得容易。小心地安排你的教學環境並且謹慎地使用成人與幼兒互動的策略，你不但可以支持幼兒在傾倒和灌注上的需要，還可以把所製造的髒亂限制在可以掌控的範圍內。下面是由教學團隊所產生出支持幼兒在灌注、傾倒、混合、填滿和模塑活動上的一些想法。

一般的教學和互動策略

✔要了解灌注、填滿和倒空是幼兒們所熟悉的動作，並且可以為他們帶來慰藉。雖然在剛開學幾週的工作時間裡，凱麗都留在裝滿沙的沙桌那兒重複著相同的動作，但是老師們並沒有建議她到別的地方去玩。老師們了解她在探索沙時有她自己的時間表。例如：當凱麗把裝滿沙的「毒藥」一次又一次地請成人喝的時候，

老師們並沒有要她去做些別的事情，他們反而進入凱麗的假想世界，假裝喝了毒藥而生病了。老師們了解到這是凱麗用來主動和成人或其他幼兒互動的方式，並且也繼續地支持著這樣的行為。最後，凱麗終於開始用其他的方式來主動和別人互動了。

✔使用幼兒的行動和評論作為教學點子的資源。當布萊登表現出對泥巴感到興奮時，老師在裝滿沙的沙桌裡加了水，雖然這會使得收拾的時間稍微拉長了一點，幼兒的衣服也比較容易弄髒。另外，他們還介紹了一首關於泥濘的歌來回應布萊登的興趣（請參考 190 頁，「大團體經驗」策略 3）。

✔隨時準備伸出援手幫助幼兒完成他們的計畫，並且也需注意幼兒可能以不同的方式來表達他們需要協助。在裝滿雪的桌子那兒玩耍的時候，歐迪和茱麗雅以不同的理由和方式要求芭芭菈老師的支持。歐迪直接地要求芭芭菈老師提供他所需的協助，而茱麗雅則是藉著哭和坐到老師的懷裡來要求協助。因為老師仔細地傾聽每位幼兒，也能夠保持著態度上的平靜，並且敏銳地回應著幼兒的感受，所以她能分別鼓勵兩位幼兒去完成他們的計畫。

✔協助幼兒將一件大工程拆成幾個比較小的步驟，如此他們比較可能完成他們的計畫。當唐納德和卡琳把很多玩具倒成一堆來代表他們在萬盛節所要到的糖果時，他們的卡蘿老師，協助他們了解等一下收玩具時，他們可能需要很長的時間。老師在比平常收玩具時間提早了幾分鐘就過來提醒他們收玩具，並且問他們哪一樣玩具是他們想先收起來的。整個收拾的過程裡，卡蘿老師一直都留在他們附近，並且協助他們分類，還示範了一些有趣的收拾方法來幫助幼兒投入收拾的工作中。例如：有鑑於幼兒對萬盛節要糖果活動的興趣，老師把裝玩具的籃子假裝成要糖果的袋子，把不同的「糖果」（玩具）放在不同的籃子裡。

✔把玩沙或水所需的配件貯放在靠近沙水桌的架子上，而不是放在沙水桌裡。例如：可以把容器、灌注和模塑的工具、玩具人和車

子等，用不同的籃子貯放在靠近沙水桌的架子上。當玩耍的空間不那麼擁擠，不再堆滿了玩具時，幼兒比較能夠發展和執行他們的想法。把各式各樣的玩耍材料放在靠近且容易拿取的地方，並且是有系統地貯放在不同的容器內時，常常能夠鼓勵幼兒發展出一些新奇的想法呢！

✠ 在沙水桌旁的架子上用不同的籃子貯放一些玩沙或水時可用的配件，這樣可以讓幼兒有比較寬敞的玩耍空間，也可以自由地選擇他們需要用來完成計畫的工具。另外，在收拾的時間裡，幼兒也可以練習分類

✠ 有時幼兒會由於過於投入灌注和倒空的遊戲中而忘了形，就像相片中的幼兒用教室裡的玩具來製造放煙火的效果。當這樣的情況發生時，幼兒需要一位了解他們的成人鼓勵他們為自己的行為負責：在事後把玩具歸位。老師的在場可以協助維持幼兒參與收拾的工作

增加室內和戶外的材料

填滿和倒空

1　如果班上有幼兒像凱麗一樣假裝用填滿和倒空的材料來倒咖啡時，你可以在沙水桌裡用真正的咖啡渣來取代沙子，以提供給幼兒一些新奇有趣的味道和材質。（收集幾個星期的咖啡渣就夠你用來填滿在沙水桌裡了。）

2　把一些我們平常並不拿來當容器的東西放在靠近沙水桌的地方，並且觀察幼兒怎麼用這些東西來填滿和倒空。某一個教學團隊試著用襪子、手套來嘗試這個策略；他們發現幼兒非常投入於將沙裝進這些東西裡所造成的形狀上的改變。

3　即興地幫幼兒做一些玩沙和水時可用的漏斗，例如：在紙、保麗龍板上或是塑膠杯底打洞。也可以變化洞的數目和大小。另外有些小的附底盤的花盆也可以當漏斗來用。

4　可以在教室其他的地方提供填滿和倒空的機會，例如：可以在娃娃家放一些各式大小的透明塑膠容器，裡面放一些恐龍計數器或是橋牌籌碼，或是一些保麗龍填充物。還可以增加一些鍋、盆、漏孔勺、長柄勺，並且觀察幼兒用什麼方法來傾倒和混合材料。

5　增加一些電腦的軟體，如：*Kid Pix*（幼兒圖片）（Broderbund Software 出品）或是 *Dinosaurs Are Forever*（恐龍永遠存在）（Merit Software 出品），讓幼兒能填充和清除螢幕。

玩水

6　如果幼兒曾在戶外探索泥灘以及在室內的沙水桌探索濕沙，你可以提供另一些材料讓幼兒有機會去觀察水是如何地從一處流

到另一處。可能的材料有：水車、塑膠的噴水玩具、手動的打蛋器和攪拌器。觀察哪些幼兒是用探索的方式來用這些材料，以及有哪些幼兒會使用這些材料來象徵那些日常生活中與液體有關的活動。

7 為了增加幼兒用不同材料與水混合的興趣，可以在沙水桌裡增加一種下面所提到的材料讓幼兒可以用來和水混合，如：冰塊、泡沫水、洗碗精、食用色素或是食用油。一星期之後再增加一種不同的材料。

8 用不同形態的水提供不同的混合經驗，例如：在顏料罐裡放冰棍來當筆刷或是當混合顏料的工具。

9 在溫暖的天氣裡，讓幼兒在戶外的沙堆或泥土堆附近，用灑水器或有噴嘴的水管來將沙或土與水混合。

10 當你的沙水桌充滿了水，在桌子的旁邊放一些大桶子。收拾時間時，鼓勵幼兒參與將沙水桌的水用水桶裝舀到水槽裡的遊戲。隔天的工作時間也可以鼓勵那些要用水桌的幼兒，用水桶把水裝回水桌裡。

```
模塑
```

11 如果幼兒對使用雪、泥巴或是濕的沙子來模塑有興趣，你可以在沙水桌的旁邊提供各種不同的模塑機會。可能提供的材料包括：各種大小形狀的桶子、餅乾切割器、做果凍的模子，以及各種不同種類的鏟子。

12 在戶外弄一堆濕沙。在靠近沙堆的地方放一些大型的鏟子、挖土機以及一些戶外收集的材料（橡樹果、葉子、樹皮）。

13 冬天的時候，拿著雪鏟和幼兒一起到戶外去堆雪堆和堆出山的形狀。鼓勵幼兒注意他們的鞋子、靴子以及手套所留在雪上的印子。

14 在教室裡增加一些雪、融雪或是冰，讓幼兒可以對水的其他形態加以探索、模塑。也在戶外增加一些工具和容器，讓幼兒能

夠用雪、融雪和冰來填滿、倒空、模塑和探索。手邊經常準備一些額外的手套以備不時之需。

✛ 因為老師在乾沙子裡加了一點點的水，所以這些小朋友可以用這些沙子來模塑、篩漏和傾倒

✛ 在沙水桌裡裝滿雪，讓幼兒能夠用新的材料來模塑以及在不同的環境中探索雪

✠ 藉著仔細地觀察幼兒
以及跟隨著他們的想
法和興趣，老師可以
協助幼兒將他們在室
內和戶外的遊戲經驗
做個連結

☀ 計畫和回想的經驗

填滿和倒空

1 把一隻襪子裡裝滿了沙之後綁緊，請要作計畫或是回想剛才工作經驗的小朋友將襪子丟至他要去或是剛剛去過的學習區，並且描述他的計畫或是剛剛的工作經驗。

2 在收拾時間裡，拿一個籃子或袋子，請每位幼兒把他們在工作時間用過的材料都裝一點在裡面。回想時間裡，請幼兒從袋子裡取出材料，談談他／她是如何使用這些材料的，然後再把材料歸位。如此繼續進行著直到袋子空了為止。隔天的計畫時間時，拿出

相同的籃子或袋子，請每位幼兒拿一樣他們在工作時間想要使用的材料放進去。然後，大家輪流從袋中或籃中拿出一樣材料分享他們的計畫，直到袋子或籃子空了爲止。

3 給每位小朋友一小杯染了色的沙子。一位接著一位，幼兒一邊把沙子倒在一個大碗裡，一邊描述他們的計畫或是經驗。讓幼兒自己選擇要從高或低的地方把沙倒下來（他們可以踮著腳尖或是趴在桌上）。在每位幼兒都輪流計畫或回想之後，讓幼兒輪流在大碗中攪拌沙子。鼓勵幼兒注意和描述不同顏色的沙子混在一起所造成的改變。

玩水

4 把作計畫或是回想的地方移到沙水桌來進行，並將水槽裝滿水。提供一個水壺和水車，並且跟幼兒說你要跟他們玩一個遊戲：「請在水車停止前告訴我你的計畫。」幼兒輪流對著水車灌水並且分享他們的計畫或是剛剛的工作經驗。幼兒可以用說的、比的或是演的來呈現他們的點子。當水車停下來的時候，其他的小朋友可以猜、評論或是對幼兒剛剛的點子提出問題。有的幼兒可能會過於專注於倒水和讓水車轉動，所以他們可能會先做這一部分，然後才作計畫，或者玩水車就成爲他們等一下的計畫了！

5 也可用不同的玩水材料來將上面的方式做一些變化。例如，在水槽裡放一些貼有各學習區標示的容器。請幼兒用水槍去射那個代表他所要去工作的學習區或是剛剛去過的學習區的容器。

6 另一天的計畫時間時，請幼兒圍著沙水桌，但是將水槽維持在空的狀態。請幼兒輪流倒一小桶的水進水槽，爲工作時間的水槽做準備，倒完之後請他／她分享他的計畫。

✛ 克里斯多福在開始沙水桌的工作計畫之前，先用水桶從附近的水龍頭裝水過來。他自己抬水桶且沒有要求協助

模塑

7 如果幼兒喜歡用濕沙子做餅乾和蛋糕，你可以用各式各樣的餅乾造型切割器用濕沙子做出各式的沙子餅乾。給每位幼兒一個小碟子，並在上面放一塊濕沙子所做的造型餅乾，每一位幼兒碟子上所放的餅乾造型皆不相同。把餅乾造型切割器放在一個紙袋子裡。由一人從紙袋中抽出一個餅乾造型切割器，碟子裡的沙子餅乾造型與此切割器造型相同的小朋友就描述他的工作計畫或是剛剛的工作經驗。

8 把各學習區的標示畫在冰棒棍上，並把它們插在一個大的泥巴蛋糕上當蠟燭。當一位幼兒描述他的工作計畫或是剛剛的工作經驗時，他就在蛋糕上選根代表他等會要去的學習區或是剛剛去過的學習區的「蠟燭」。

9 將一位小朋友模塑的經驗重新創造成一個假裝的情景，以做為幼兒作計畫或是回想的起始點。例如：在歐迪和茱麗雅的班上，幼兒聚集在雪桌旁作計畫和回想，他們還幫老師重新做出了歐迪的雪山、滑雪人和茱麗雅的雪橇。每一位作計畫或是回想的小朋

友先把玩具人從雪山上坡滑下來，然後才開始講他們等會兒的計畫或是剛剛的工作經驗。

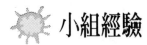

小組經驗

填滿和倒空

1 如果班上也有些像凱麗一樣，會重複地使用相同材料來填滿和倒空的幼兒，你可以提供一些可供填滿和倒空的新材料來觀察看看幼兒會如何使用它們。受到凱麗重複玩沙的激勵，老師設計了一次小組經驗，組裡的每位幼兒都會拿到一堆的小玩具：小熊計數器、大塑膠釘、瓶蓋和撲克牌籌碼。桌上也放了各式大小和形狀的塑膠容器和盤子。老師觀察到有些幼兒用這些東西來玩裝填和倒空，有些則在玩假裝的遊戲。

2 如果你曾用類似像咖啡渣之類不太尋常的東西來填滿教室內的沙水桌，你可以利用一次小組時間請幼兒幫忙把沙水桌內的材料移走。例如：你可以請幼兒圍著裝滿咖啡渣或是其他材料的沙水桌，給幼兒容器或是挖掘的工具（水桶、圓鍬、湯匙等等），跟幼兒解釋需要將沙水桌內舊的材料移走並且填入其他的新材料，同時列出每個人的協助部分。

玩水

3 圍著一個裝滿水或是乾沙的大型塑膠游泳池，提供各式各樣的容器（可讓每位小朋友拿數個容器）好讓他們有機會將沙或水從一個容器倒入另一個容器內。用幼兒社會和語言發展的能力來觀察幼兒使用材料以及與他人互動的情況：有誰是自己在玩；有誰是一邊在傾倒、填滿，一邊和旁邊的幼兒聊天。

4 爲了讓幼兒有不同的**觸覺探索**經驗，你可以照著商品指示調和
石膏，然後用容器裝給每位小朋友。並且提供給幼兒各種可以
留下印痕的東西，例如：瓶蓋、迴紋針、軟木塞。看看幼兒如何使
用這些材料，以及他們會不會用自己的肢體在石膏上留下印記。

模塑

5 如果幼兒有興趣用濕沙子、泥巴或是其他材料來模塑，你可以
將白膠和漿糊以同等比例調和，做出一種材質光滑的「愚蠢泥
灘」，讓幼兒經歷另一種模塑的經驗。

6 幼兒在沙水桌用雪來做造型之後，把幼兒帶到戶外讓他們能把
在室內的創作放到戶外來做。在歐迪的班上，老師就建議幼兒
到戶外造一座大山，像歐迪在沙水桌所做的一樣。老師提供了以下
的工具和材料讓幼兒可以用來拍打和挖雪，以及在雪裡戳洞：樹
枝、雪鏟、湯勺、塑膠量杯和不同大小的梳子。

大團體經驗

填滿和倒空

1 讓每位幼兒有張椅子，把這些椅子排在上大團體的地方。跟幼
兒解釋，你將放一卷音樂錄音帶，然後大家要一起玩「椅子滿
滿和椅子空空」的遊戲。當音樂開始，幼兒就要站起來在椅子四週
的空間裡跳舞。音樂一停，幼兒就要趕快找張椅子把自己「裝進」
（坐）椅子裡。音樂一旦開始，幼兒又要站起來跳舞讓椅子空空。
（高瞻出版的動作系列第七集中的「Bossa Nova」適用於這個活
動。）

玩水

2　如果大團體時間之前還有別的活動，那麼你可以考慮使用這個
　　方式讓幼兒可以藉著參與活動來加入團體。可以請幼兒模仿他
們在沙桌那兒所看到某位幼兒的動作來開始這個活動。例如，「讓
我們假裝像凱麗在沙桌那兒從很高的地方倒下毒咖啡的樣子。……
讓我們學凱麗從很低的地方倒咖啡的樣子。」請幼兒提出他們的想
法，假裝以什麼樣的方式來傾倒或是混合，及從什麼位置來倒。

3　如果你在工作時間或是戶外時間觀察到幼兒用手去擠壓濕沙子
　　或是土，並讓其從指間流出，你可以全班一起再次經歷這樣的
經驗。藉著一邊用手模仿著幼兒的動作，一邊唱著「擠呀！擠呀！
擠呀！」來開始這個活動（並且給幼兒訊號，讓他們開始聚過來準
備開始大團體時間）。請幼兒建議其他的話來描述他們的手在濕沙
或泥濘中移動時感覺像什麼，並且唱唸出那些話。然後，唱或唸
「我愛泥濘」（"I Love Mud" by Rick Charette，from *Two for the
Show*，a cassette recording by the Song Sisters）這首歌：

> 泥濘，泥濘，我愛你。
> 我絕對、肯定地喜歡泥濘。
> 你沒辦法繞著它走的。
> 你必須要穿過它。
> 漂亮，令人著迷的超級笨泥濘。

模塑

4　從你先前觀察到幼兒用沙、雪或是泥巴玩的遊戲中發展出一些
　　假裝遊戲。請幼兒用身體來假裝被壓成不同的形狀，包括一些
幼兒所創造出的形狀。鼓勵幼兒分享其他可以把身體弄成不同形狀
的方法。例如：歐迪在教室做了一座雪山之後，老師請幼兒將他們
的身體弄成像歐迪所做出的山的形狀。另外，老師也請幼兒用身體

做出學校附近大山丘的形狀。

✠ 觀察幼兒用許多創新的方法來將這些可以壓模或是做造型的材料與其他
的材料混合以便執行他們的計畫。凱西正在做一個藍莓派以便搭配她要
請瑪麗雅喝的「咖啡」

從觀察幼兒中我們學到了什麼

在老師們嘗試了我們在本章中所建議的一些策略之後,他們觀
察幼兒的活動,看看有哪些學習經驗正在產生。他們觀察到這些容
易弄髒亂的材料能夠鼓勵幼兒在各種能力上的學習與發展。這些幼
兒的學習經驗記錄在下面的幼兒觀察記錄表裡,另外,我們也依照
著高瞻重要經驗的項目來將這些軼事記錄加以分類。

□幼兒觀察

創造性表澂

- 在大團體時間，布里安娜用她的身體做出山的樣子，然後她建議大家一起嘗試做出：「一隻快樂的狗，因為媽媽快回來了。」
- 在工作時間，丹尼爾拿著小的彩色積木到裝滿雪的桌子那兒，把這些小積木像小磚塊一樣的堆蓋著，並且稱他所蓋的東西是愛斯基摩人住的小屋。
- 老師把沙桌裝滿了咖啡渣之後的第一天早上，在打招呼時間裡，凱西說：「嘿，這裡有咖啡的味道。」

語言和讀寫

- 在戶外時間，克里斯多福拿了堆橡實果在雪裡排出了 **C** 和 **H**。當爸爸來接他時，他跟爸爸說：「看我做的。」
- 在小組時間，卡琳正把沙子倒進游泳池裡，她靠近芭芭菈老師說：「這沙子跟媽媽帶我到海邊看到的沙子很像……妳知道的，我們在湖邊有間小屋。」
- 在大團體時間，大家一起想了一些歌詞來填入「我愛泥濘」這首歌裡。當老師問班上的幼兒，如果把手指伸進泥濘裡會有什麼感覺呢？喬妮雅說：「很髒，很髒，很髒。」

自發性和社會關係

- 在回想時間，當幼兒正在模仿彼此在沙水桌的活動時，派翠克建議大家一起模仿水泥車滾動攪拌的動作。
- 在工作時間，莎菈雅玩水槍時，水把衣服弄濕了。然後她到自己的櫃子拿了件乾的上衣，在沒有老師協助之下自己換了衣服。

動作

• 在工作時間，在裝滿咖啡渣的桌子那兒，蒂芬妮解釋著要怎麼把咖啡渣弄成一小堆：「你先挖一點咖啡渣，然後把它輕輕拍上來。」
• 在工作時間，麥可一邊左右換腳跳，一邊用手噴著水槍。他繼續的跳著直到水槍的水都噴光了為止。
• 在大團體時間，梅根一邊用冰棍畫畫，一邊跟法蘭西絲講：「看我一移動它，它的水就滴到我的圖畫上了。」

音樂

• 在大團體時間，大家正玩著「椅子滿滿和椅子空空」的遊戲時，卡琳隨著音樂假裝在椅子間溜冰。音樂一停，她就在附近的一張椅子上坐下。
• 茱麗雅在戶外盪鞦韆時反複地唱著「泥濘」的歌。
• 麥可跟他的分享組員分享他在工作時間玩水槍的情形，並且還模仿著水落地時所發出的「撲通」掉落聲。

分類

• 在計畫時間，愛麗絲說：「我要在沙桌那裡用手套，不要用水桶，因為手套比較軟。」
• 在整個戶外時間，布萊登都在實驗水龍頭的噴嘴，他把水流從很細的噴霧狀轉變成直射式的水流。

序列

• 「看！」法蘭西絲在工作時間裡一邊把沙填入手套裡一邊說：「手指頭愈變愈大了。」
• 在計畫時間過後，凱麗仍然留在沙桌那兒，她把學習區標示按其高度做安排。（學習區圖示被貼在冰棒棍上做成小小的標示，插在沙裡。）她指著這些標示說：「小，大，比較高。」

- 在計畫時間，歐迪說：「我做的雪人滑下山的速度比別人都快。」然後，他用很快的速度把他的玩具雪人推下斜坡。

數目

- 在回想時間，麥德森看了看凱麗的籃子：「喔喔！超過一個哦！老師說拿一個。」
- 在計畫時間，愛麗絲說她要在沙桌那兒用有「很多洞」的花盆。
- 在計畫時間，四位幼兒把他們有顏色的沙倒入碗內並且描述他們的計畫後，柯瑞說：「這就是四杯沙子混合的結果，很漂亮呢！」

空間

- 在計畫時間，幼兒看著他們在學校活動的照片，藍迪說：「這是那天我們在戶外樹的旁邊堆雪山。」
- 當老師用襪子裝滿沙子後綁緊，做為計畫時間的道具時，歐迪說：「我要丟得很遠，丟到電腦區那邊。」

時間

- 在計畫時間，馬麗雅告訴其他的幼兒：「這水裡面有點新的東西，跟昨天那個有泡泡的不一樣。」
- 在小組時間用熟石膏工作，傑夫說：「我以前用過這個，會慢慢變硬。」
- 在大團體時間結束時，亞力斯趴在地板上說：「都沒有輪到我，昨天也沒有，明天也沒有，永遠都沒有。」

 成人的訓練活動

這個訓練活動是設計來協助成人們了解，他們記錄有關幼兒的

動作、語言及經驗的軼事記錄中，可能符合超過一項以上的高瞻幼兒觀察。在這個活動中，參與者將使用我們在 192 到 194 頁幼兒觀察記錄表中的軼事記錄及其所屬幼兒觀察記錄中的項目和層次，和以下我們所提供另一些幼兒觀察記錄中的項目和層次。

1. 請參與者分成小組，看一下軼事記錄的部分，以及討論可與其相搭配之觀察記錄的項目和層次。

2. 把下面所列額外的幼兒觀察記錄的項目和層次分給參與者，並且請其討論原來的那些軼事記錄裡有哪些是可與下面的項目相搭配的（可超過一項）。參與者在討論中將不難了解到，許多的遊戲都包含了許多幼兒發展的不同層面。

額外的高瞻幼兒觀察記錄的項目和層次

A.表達選擇：(2)幼兒藉著說一個字、用手指或是一些其他的動作來表示一件他想做的活動或是一個他想進行活動的地點。

B.解決問題：(3)幼兒用一個方法嘗試解決問題，但是如果試了一兩次不成功他就會放棄。

E. 與成人產生關聯：(4)幼兒維持著與熟悉成人間的互動。

F. 與其他的幼兒間產生關聯：(3)幼兒主動與其他的幼兒互動。

H.參與解決社會問題：(4)幼兒有時會獨自藉著協商或是其他社交上可被接受的方式來解決與其他幼兒間的問題。

J. 製造和建構：(2)幼兒探索製造和建構的材料。

J. 製造和建構：(3)幼兒用材料來做成一些東西，但是並沒有說明他所做的東西是否也代表別的東西。

L.假裝：(2)幼兒用一樣物品來代表另一樣東西，或是用動作或聲音來假裝。

R.說話：(4)幼兒所使用的語句中，詳細地描述著兩個或是更多的想法。

與食物有關  的遊戲

烹飪、吃和假裝

那天班上的幼兒到鄰近的一家披薩店做戶外教學，幼兒觀察並且參與了披薩的製作。隔天，老師在娃娃家增加了一些做披薩的材料，好讓那些想在工作時間裡做披薩的小朋友可以自由地使用。這些材料包括：事先切好的英式鬆餅片（即可做為披薩底層的速烤麵包）、裝滿真實的蕃茄醬的碗、磨好的起司、切好的磨菇片以及義式香腸片和大的餅乾烤盤。有關這些額外材料的訊息就公告在公佈欄上，並且在早晨打招呼時間裡討論它。

凱菈和喬登是兩位最先到達娃娃家的小朋友，他倆都計畫要做披薩。凱菈立刻居於領導的角色：「我先把鬆餅放在烤盤上。喬登，你用湯匙把蕃茄醬塗在每一片上面。」鬆餅等距地被排在烤盤上之後，喬登開始用湯匙把蕃茄醬舀在每一片上面。「哇！」凱菈對喬登說：「這塊上面太多了，那塊上面不夠。」喬登繼續他的工作，不理會凱菈的警告。很快地，蕃茄醬就流到烤盤上的鬆餅間。凱菈對著站在附近的老師——安，說：「妳看喬登啦！他都不聽我說，他把蕃茄醬弄得到處都是了。」

這時候，另一位小朋友麥德森也到娃娃家來，她從喬登手上把湯匙拿了過來，並且說：「來，讓我告訴你該怎麼做。」她拿了另一塊鬆餅並且舀了一湯匙的蕃茄醬倒到鬆餅上面。她一邊做一邊解釋：「應該這樣做的，喬登，首先，舀一湯匙的蕃茄醬放到鬆餅上。然後，用湯匙的背面把蕃茄醬塗抹均勻，旁邊也要塗到。」接著她把湯匙交還給喬登，說：「現在，你試試看。」凱菈和安老師在一旁觀看著喬登模仿麥德森的動作。（稍後，麥德森的媽媽解釋，麥德森在家常幫忙她煮東西。）老師問凱菈是不是仍覺得氣餒呢？而她回答：「只是對那些亂七八糟的東西而已。」老師回答：「流到鬆餅間的蕃茄醬讓妳覺得不舒服嗎？」「對，」凱菈回答：「我最好重新來過。」她把鬆餅從烤盤上拿起來，把烤盤拿到水槽那裡把上面多餘的

蕃茄醬沖掉。之後，她和喬登及麥德森一起完成了一烤盤的披薩。麥德森建議喬登塗完蕃茄醬之後，由她來灑上起司。凱菈則開始在披薩上面放上一些磨菇片和義式香腸，放到一半時就被麥德森阻止了，她指著食譜上鬆餅披薩的圖片說：「最好是照著食譜，不然吃起來會很奇怪。」然後，凱菈開始照著食譜在每一片鬆餅披薩上面放兩片磨菇和一片義式香腸。

　　正值全天班幼兒的午餐時間。幼兒一位接著一位地離開大團體聚集的地方到洗手間去上廁所和洗手，接著他們去拿了所帶來的餐盒再回到他們的座位。正當幼兒坐下來打開他們的午餐時，史蒂芬妮老師聽見塔弩卡問大衛餐盒裡的紙上面寫些什麼？（他的媽媽總是在他的餐盒裡留張紙條。）他打開紙條說：「我猜它寫『祝你有愉快的一天！』。」黛安娜對老師抱怨著：「又是軟乾酪，昨天的午餐也是軟乾酪，我快要受不了它的味道了。」在老師還沒來得及反應時，蘇說她很喜歡軟乾酪，並且願意拿一點她的花生醬三明治跟黛安娜換一些軟乾酪。麥可則站在微波爐旁邊。他說他在等微波爐發出嗶嗶聲，這樣他就可以按那個白色長方型的按鈕把微波爐的門打開。當他的義大利通心麵好了，他請老師幫他把麵再放進微波爐裡，這樣他就可以有更熱一點的午餐了。幼兒一邊打開他們的午餐，協商著食物的交換，以及彼此幫忙打開果汁盒，一邊繼續他們的談話。等到幼兒開始吃的時候，教室才慢慢地安靜下來。

　　幾分鐘過去，另一段談話開始了。「花生醬是從哪裡來的？為什麼這麵包是心型的？」黛安娜說，她正開心地吃著蘇跟她交換的三明治。「從店裡買的啊！傻瓜，」蘇回答，「我爸爸用像我們玩黏土時用的一樣的餅乾模型，把麵包切成心型。」「為什麼你用棍子吃東西呢？」大衛這樣問明，明回答：「因

為我是中國人啊！可是昨天晚上我們從麥當勞的得來速買東西吃時，我用手拿著吃。」大衛回答：「我也有去麥當勞，可是我們是到裡面有可以爬和跳的地方。」幼兒說話的聲音很快地被一陣騷動所取代；幼兒開始將剩下的食物和包裝紙加以分類，決定哪些東西應該要丟到垃圾筒，哪些是該丟到資源回收筒，以及哪些是該再包起來放回午餐盒裡的。泰瑞安突然打翻了她的果汁杯（這是當天午餐唯一翻倒的東西），然後她拿了塊海綿開始清理，塔弩卡幫她把午餐的東西收到應該放的地方。

「過來，現在是吃飯的時間了。」三歲的愛麗絲從娃娃家對瑪琳達老師叫著。愛麗絲已經在娃娃家忙了好一陣子，用大的平底鍋攪拌著熊熊籌碼、撲克牌的籌碼以及塑膠星星。當瑪琳達老師走過來，愛麗絲用大勺子把混合物舀到盤子裡，並且說：「現在你是葛瑞克（愛麗絲爸爸的名字），我是媽咪。」然後愛麗絲跟瑪琳達說：「你要現在吃蛋嗎？」老師回答：「是的，因為我很餓而且它們聞起來很香。」老師拿起了一個塑膠星星假裝要把它放進嘴裡。「不可以，」愛麗絲叫著，「妳要用這個吃。」她把一支叉著塑膠星星的叉子交給老師，老師假裝著用叉子吃蛋。「謝謝，」老師說，「這些蛋很好吃。」愛麗絲把老師留在娃娃家的桌子那裡，拿著平底鍋走到積木區，有幾位幼兒在那兒假裝開「蝙蝠俠的車子」。她靠近那些在車裡的幼兒說：「你們要一些蛋嗎？」在重複了六次都得不到那些在蝙蝠俠車裡的幼兒反應之後，她把平底鍋放在積木區的地板上就到美勞區玩耍去了。

以食物做爲思考點：使我們的身體和心靈成長

有如以上的這些例子，食物是幼兒們生活的中心。從很小的時候開始，幼兒就會經常且堅定地表達他們對食物的偏好。就像上面的一些情節一樣，幼兒用許多不同的方式來吃。常常和幼兒一起吃飯的成人會發現，有些幼兒經常抱怨午餐或是點心的項目，有些幼兒不論吃什麼都很高興，有些幼兒則很怕髒，每吃一口就用餐巾紙擦一次嘴巴，而有些幼兒即使弄得滿嘴滿臉的通心麵也不在意。

高瞻教學法是以幼兒的選擇和「做中學」爲中心概念。既然食物一定能夠引起幼兒的興趣，而食物的準備和消耗都能夠提供許多主動學習的機會，因此我們建議成人將跟食物有關的經驗視爲教育活動。所以，計畫餐點時間、仔細地觀察幼兒，並且審慎與幼兒互動，就跟一天中的其他流程一樣重要。在下面的幼兒觀察記錄表中，老師們將本章前面所記錄的情節以高瞻的重要經驗來詮釋和分類。

✤ 餐點時間如同一天流程中其他的部分一樣，都是教育的時機。這位在吃爆米花的小朋友正把那些未爆的玉米粒挑出來

□幼兒觀察

創造性表徵

- 在工作時間，愛麗絲叫瑪琳達老師到娃娃家，並且要她當「葛瑞克」。愛麗絲說：「我當媽媽。」然後開始用湯匙把她所混合的熊熊籌碼和塑膠星星（她稱為「蛋蛋」）舀到盤子裡給「葛瑞克」吃。

語言和讀寫

- 在午餐時間，大衛打開媽媽留在午餐盒內的紙條說：「我想它說的是『祝你有愉快的一天！』」
- 在麥德森發現凱菈在披薩上面放了太多東西之後，把食譜的圖卡給凱菈看（圖卡上顯示著每一片披薩放著兩片的磨菇和一片義式香腸）。

自發性和社會關係

- 在工作時間，凱菈在做英式鬆餅披薩時跟安老師說：「妳看，喬登都不聽我說，他把蕃茄醬弄得到處都是。」然後，她把排在烤盤上的披薩移開，把烤盤拿到水槽那兒把多餘的蕃茄醬洗掉，再重新把披薩排在上面。她告訴老師：「剛剛披薩中間有好多的蕃茄醬哦！」
- 當泰瑞安正在收拾她在午餐時弄倒的牛奶時，塔弩卡幫她把其餘的午餐的東西收起來。

動作

- 在工作時間做英式鬆餅披薩時，麥德森跟喬登說：「是這樣做的，喬登，首先要用湯匙舀一湯匙的蕃茄醬放在鬆餅上。然後，再用

湯匙的背面把蕃茄醬塗勻，旁邊也要塗。」

音樂

• 微波爐響了四聲之後，麥可按了白色的按鈕好把門打開來。

分類

• 塔弩卡拿著裝泰瑞安午餐的塑膠袋跟史蒂芬妮老師說：「這個要放在資源回收筒，對嗎？」
• 在午餐時間，明告訴大衛即使她「因為是中國人」，所以用筷子吃飯，可是當她到麥當勞得來速買漢堡時，她也用手拿著吃。

序列

• 在午餐時間，麥可請史蒂芬妮老師把他的午餐放在微波爐裡久一點，這樣他的食物可以更熱一點。

數目

• 凱菈在麥德森給她看了食譜的圖卡之後，她在每一片的英式鬆餅披薩上面各放兩片蘑菇和一片義式香腸。

空間

• 愛麗絲在平底鍋裡放滿了各種她稱之為「蛋蛋」的材料，然後把這些材料都分裝在盤子裡。
• 午餐時，大衛告訴明：「我也有去麥當勞，可是我是去裡面，有可以爬和跳的地方。」

時間

• 在工作時間，愛麗絲問瑪琳達老師：「你要現在吃蛋蛋嗎？」
• 在午餐時間，黛安娜告訴史蒂芬妮老師：「又是軟乾酪！我昨天也是吃這個。」

支持幼兒跟食物有關的經驗

　　關心幼兒健康的成人們常常擔心幼兒所要求的食物種類，他們吃的量，以及他們吃東西的方式。他們對於幼兒健康和衛生上的擔心使得他們常常把食物當成是獎勵（「如果你把綠色的豆子都吃完，我就給你一個甜筒當點心。」）或是處罰（「你今天把褲子弄髒了，今晚你不能吃糖果了。」）在處理餐桌禮儀、食物的浪費，以及幼兒想探索和實驗食物的企圖時，成人常受到自己兒時經驗以及他人期望的影響。

　　教學團隊中每個人對於食物的信念和對幼兒營養的關心程度各不相同，所以要決定什麼時候，以及要如何對幼兒與食物有關的行為設上一些限制就顯得尤其困難。在全天制的班級裡，吃點心次數增加，再加上幼兒帶到學校吃的午餐，要做這樣的決定就更困難。例如：是不是讓幼兒彼此交換午餐吃就是個很難解決的問題。然而，就像幼兒對其他東西的興趣一樣，成人們對於這些與食物有關經驗的處理方法會影響幼兒在其中的學習。所以教學團隊須要很徹底的討論這些問題，並且要將其在幼兒發展的架構下加以考量。

✛ 讓幼兒自己剝香蕉
　和倒果汁可以使吃
　點心成為一個主動
　學習的經驗

接下來，我們將針對本章開頭所提的例子列出一些教學的點子。這些策略和經驗將有助於創造一個支持幼兒用食物來烹飪、吃和假裝的環境。

 ## 一般的教學和互動策略

✔當你聽到幼兒問諸如此類的問題：「花生醬是從哪裡來的呢？」你可以藉著安排一些戶外教學或團體經驗來協助幼兒了解食物來源的第一手資料。可以安排帶幼兒到食物生長、出售或是加工的地方，以及安排一些小組經驗來協助幼兒了解食物的來源。因為黛安娜提出關於花生醬的問題，教學團隊安排了一次到當地超市的戶外教學，並且安排了一次小組活動，大家一起用花生來做花生醬。

✛ 到食物生長的地點戶外教學，讓幼兒對食物的來源有更好的了解

✔當幼兒煮東西、假裝煮或是吃東西時，提供真實的工具讓幼兒使

用。在本章開頭的第一個情節中，成人們提供了跟幼兒在家中所看到大人用的烤盤、大湯匙、碗和真正的食物。這讓麥德森和其他的幼兒有機會模仿那些在他們生命中重要成人的動作。而且用這些大杓子、平底鍋和成人用的盤子，在攪拌、裝盛上都會比用那些玩具茶組或是餐具來得容易。

✔與幼兒一起準備食物時，要時時注意安全。麥可對微波爐的興趣促使老師們想出能讓他參與又安全的方式，老師鼓勵麥可等微波爐響完再按那個打開微波爐門的按鈕。另外還有一件事也很重要就是：要示範和鼓勵幼兒健康的習慣，例如：摸食物前先洗手以及吃完東西要刷牙。

✚ 和幼兒一起準備食物時，需特別注意安全的問題，像這位老師所做的：待在幼兒附近以及設計一個地方讓幼兒可以放另一隻用不到的手

✔跟幼兒一起準備食物時，準備一些額外材料。就像幼兒學習別的技巧一樣，處理食物也需要練習。另外，在幼兒有目的的使用材料之前，他們通常需要探索這些材料。所以如果幼兒浪費了一點材料，你也不需要驚訝或是發火，尤其在幼兒還是準備食物的新手時。你也要預期果汁可能被打翻，披薩鬆餅可能因為幼兒沒拿好而掉到地上，藍莓和葡萄乾可能在加入混合前就不見了，而有些做好的東西可能在還沒放到桌上前就被吃掉了。

✔提供一些清潔用具，並且鼓勵幼兒為自己的行為負責。把海綿放在幼兒拿得到的地方，讓泰瑞安可以自己清理她弄翻的東西。另外，你也可以放刷子、畚箕，可能的話，再加上一支有柄的掃把。

✔每週都有一段特別的時間用真正的食物來做準備，像上面所描述的做披薩的經驗。某一個幼兒園中，每週三都是他們的烹飪日，每週三的工作時間裡，老師們提供一些簡單的點心材料，例如：水果和青菜沙拉、撒上起司的墨西哥餅、阿拉伯風味的口袋三明治、果凍、加了新鮮或是冷凍水果的優酪乳、冷凍的鬆餅、花生醬和西洋芹。成人們很謹慎地提供了幼兒能夠獨立使用的材料，如此，成人們才能像平常的學習區時間一樣地在學習區間走動。也可以用小組時間來做一些與準備食物有關的活動。這樣的活動並不一定需要固定在一週中的某天，但是如果是固定在某一天則可藉著這種對幼兒有意義的方式來讓他們了解一週裡的日子，並且讓他們對這一天的來臨充滿期待。

✔當幼兒在準備食物時若有問題發生，儘可能地讓幼兒自己解決。當凱菈向安老師抱怨喬登在披薩烤盤上面放了太多的蕃茄醬時，老師避免立刻介入。藉著等一下，她讓麥德森有機會示範給喬登看要怎麼在鬆餅上放蕃茄醬。這個遊戲藉著幼兒一起決定要在披薩上面放些什麼、誰來放，以及每片披薩上面要放多少材料而慢慢展開來了。

✠為了減少在烹飪經驗中等待的時間，你需事先準備好足夠讓每位幼兒使用的材料。如相片中的小組經驗，每位幼兒都用他自己的碗來把蛋打在裡面並且攪拌

增加室內和戶外的材料

1 如果幼兒對準備食物有興趣，可以在娃娃家和圖書區放幾本食譜和一個食譜的收集盒。可以在圖書區和美勞區增加一些雜誌裡的食物圖片，讓幼兒可以在閱讀和美勞活動中表達他們個人對食物的偏好。

2 選擇烹飪工具要能夠配合幼兒有興趣的食物作準備。如果你計畫要在工作時間或是小組時間裡提供真正的食物來做活動，你也需要放置一些適合的工具，如：起司研磨器能讓幼兒將起司塊弄成絲狀來做墨西哥餅；馬鈴薯削皮器、做鬆餅的鏟子、混合用的塑膠碗。在某一個跟實物相關的活動中使用過這些工具之後，將這些工具加進娃娃家成為必要配件，可以鼓勵幼兒進行假裝的烹飪活動。若想更進一步鼓勵幼兒玩假想的烹飪遊戲，可以補充一些真實的烹飪用具及一些空的食物罐子和盒子（蛋盒、蛋糕粉的空盒）。

3 把一些在家或餐廳所需要用的道具或配件，如廚師的帽子、圍裙、隔熱手套等等增加到娃娃家放置衣物的地方。

4 為了延伸幼兒對於食物來源的興趣，你可以在娃娃家或是積木區設置一個超市。包括：收錢的櫃子、不同大小的紙袋和塑膠袋、沒有打開的罐頭食物、空的玉米片盒子、蛋盒和空的花生醬塑膠罐子。

吃

5 在到餐廳參觀之後，支持幼兒一些相關的角色扮演遊戲。你可以帶回一些道具，例如：菜單、空的披薩盒等，把它們放在娃

第 8 章　與食物有關的遊戲

娃家。請家長平日帶幼兒去餐廳時，也能夠幫忙要一些菜單回來。

6 有些教室在每日的工作時間時規畫出一個吃東西的空間，可以做為取代固定點心時間的選擇。提供簡單的食物和可供裝盛的材料，成人可以觀察幼兒怎麼去吃這些東西，以及他們在吃東西時和同伴間所進行的談話內容。

7 為了增加幼兒在食物偏好上的興趣，你可在圖書區增加一些相關的書籍，例如：Dr. Seuss 所寫的《綠色的蛋和火腿》（*Green Eggs and Ham*）、Denise Fleming 所寫的《午餐》（*Lunch*）、Maggie S. Davis 的《咖啡館》（*The Rinky-dink Cafe*）以及 Stephanie Calmenson 的《在貓熊的宮殿裡吃晚餐》（*Dinner at the Panda Palace*）。

8 在娃娃家增加一些桌布、餐墊、餐巾、餐巾環和其他裝盛及放置食物的材料。根據幼兒跟食物相關的經驗而提供所需的配件：某個教室就多增加了花瓶和人造花來做花的擺設，以及一對燭臺和一些蠟燭。

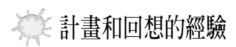

計畫和回想的經驗

烹飪

1 到披薩店參觀之後，拿一個空的披薩盒並且畫個像大披薩一樣的圓圈放在盒子裡。將披薩分成幾個部分，每一個部分代表教室裡的一個學習區，可在上面貼該學習區的標示、照片或學習區中的一件物品。提供給正在作計畫或是分享的幼兒一支披薩切割器，讓幼兒有機會練習新的烹飪工具。請幼兒在該片代表他所要去學習區的披薩上面（接近外圍的部分），切上一道，代表他所選的區。

2 把幼兒特別喜歡的烹飪道具拿到作計畫／回想的桌子那兒，例如：隔熱手套、攪拌器、披薩切割器、用紙袋做的廚師帽（頂

端弄得皺皺的）。輪到誰分享計畫或是剛剛的工作經驗，就手握該項道具。

3 如果有幼兒像麥德森一樣用大的碗或是平底鍋來假裝煮東西，把你在工作時間看到幼兒用過的材料放進碗或平底鍋裡。提供一支叉子或是勺子，每次請一位小朋友將他剛剛用過的東西舀出來然後回想他的經驗。

4 把烹煮的工具帶到計畫桌來，把它們跟你早先在小組時間或是工作時間所觀察到的烹煮活動做關聯。請幼兒到他們計畫要去

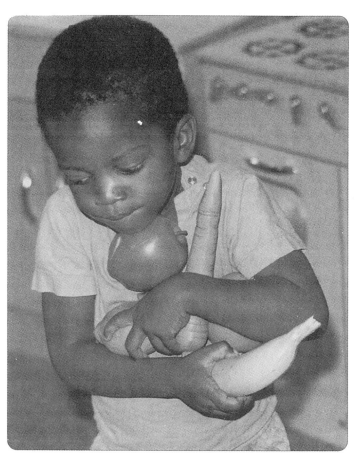

✠ 選擇一些你在點心和用餐時間觀察到幼兒喜歡的食物塑膠模型放在娃娃家，可鼓勵幼兒玩一些與食物有關的假裝遊戲

（或是剛剛去過）的學習區拿一樣他們計畫要用（或是剛剛用過）的材料。當每位幼兒分享他們的計畫或是經驗時，請他們用你所準備的烹煮工具將他們的點子加以「混合」，然後請幼兒來「吃」你所準備的食物。例如：你可以扮演廚子，拿個炒菜鍋並且提供給每位幼兒一雙筷子。每位幼兒向該組的幼兒展示了他所選的東西之後，就把他們的東西放進炒菜鍋裡炒。在所有的計畫或是經驗都分享完了之後，假裝菜炒好了請幼兒用筷子來吃。

> ### 吃

5 爲了要把談話弄得很像用餐時的對話，你可以把作計畫／回想的桌子舖上桌布並且放上三個午餐盒。一次請三位幼兒把他們工作時間要用或是工作用過的材料放進一個餐盒裡。用這些幼兒帶回來的東西做爲你們聊聊幼兒的計畫或是工作經驗的開始。

6 爲了支持幼兒對於不同食物的好奇心以及對於交換食物的興趣，作計畫或是回想工作經驗時，你可以用一個盤子上面放著各式各樣的餅乾，當一位幼兒吃完，你就可以請那位幼兒作計畫或是回想。

7 如果班上有幼兒像大衛一樣，午餐盒裡常有媽媽留的紙條，你也可以建構在這樣的經驗上，將各學習區的標示畫在小紙條上後摺起來放進一個午餐盒，放在作計畫／回想桌上，請幼兒抽一張紙條並且討論他的計畫有沒有包含那個學習區。你也可以請幼兒自己寫和唸關於他們工作計畫或經驗的紙條。（接受所有形式的書寫，包括亂畫、字、符號和幼兒獨特的唸法。）

8 請幼兒假裝成餐廳的顧客或是服務生。一次請一位幼兒分享他的計畫或是工作經驗，而另一位幼兒則拿本子和鉛筆「寫下」那位幼兒的計畫或是工作經驗。

9 做一個小台子，請幼兒假裝這就是速食店得來速的窗口。請幼兒把他們的「車子」排好隊，等著到窗口來點餐。當幼兒到窗

口時，給他一個方向盤當道具。然後請幼兒對著坐在窗口的人講他等一下的計畫或是剛剛的工作經驗。

小組經驗

烹飪

1 如果班上的幼兒曾談論或是假裝玩做三明治，你可以計畫一系列的小組活動來使用麵包、各種形狀的模型切割器和各種塗三明治的醬及夾料。先給幼兒麵包和模型切割器，在幼兒用模型將麵包切出他們要的形狀之後，再給幼兒塗抹醬。可以在不同天裡提供不同的夾料，例如：芥茉和起司、花生醬和果醬、火腿片、起司醬和酸黃瓜、豆腐片、芥茉和豆芽。

2 用幼兒所熟悉的食物來協助他們體驗一些新的方式，例如：和幼兒一起做花生醬球。提供花生醬、無脂牛奶、蜂蜜和芝麻。不需要擔心比例的問題，只要鼓勵幼兒注意不同的東西混在一起所造成的改變。另一次的小組時間裡，你可以用食譜來做同樣的點心。

3 你可以跟幼兒一起用松毬果沾上花生醬和鳥飼料來做給小鳥吃的東西。

4 提供一些材料讓幼兒可以自己試著做一些簡單的點心。提供一些可以壓碎、塗抹或是切碎材料的工具及材料，下列四種組合可在四次的小組時間裡運用：

- 煮熟的南瓜和米飯可讓幼兒用湯匙去挖和混合。
- 煮熟的通心麵和裝在噴灑罐中的起司粉。
- 煮熟的管狀義大利麵和軟乾酪以及煮熟的菠菜，好讓幼兒可以塞到管狀麵裡。
- 白煮蛋讓幼兒去剝殼和壓扁，及美乃滋。

5 藉著為所有的幼兒提供相似的工具或是材料讓某位幼兒能夠擴
展他獨特吃的習慣。接續大衛對明使用筷子的興趣，教學團隊
為每位幼兒提供了一雙筷子和一小碗的小東西。他們看著幼兒試著
使用筷子來把東西夾走。

6 如果幼兒曾談論他們對食物的偏好，你可以提供一些有各種食
物圖案的雜誌來讓幼兒有另外可以表達他們偏好的方式。和幼
兒一起看這些雜誌，並且鼓勵幼兒去尋找和談論他們喜歡及不喜歡
的食物。提供剪刀、紙張和黏膠，讓幼兒可以做食物剪貼。

7 如果幼兒曾經談論或是表演出他們去附近速食餐廳的經驗，你
可以跟工作人員要一些道具，如：有蓋的杯子、吸管、餐巾
紙、裝食物的紙盒、蕃茄醬和芥茉包。鼓勵幼兒用這些要來的道具
配合著原先在娃娃家的玩具一起玩。

8 如果幼兒喜歡吃管狀的麵或是O型的玉米片，提供一些和這類
食物有關的不同經驗。提供一些瓶刷、一端纏有膠帶的鐵絲和
一些通心麵（乾的、沒有煮過的），或是玉米片。觀察幼兒會做出
哪些不同的創造，如果幼兒吃了他們的作品也不必感到驚訝。

9 安排你那一小組小朋友到附近的餐廳去參觀他們的廚房和洗碗
的地方。回到學校之後，提供給幼兒圍裙、海綿、塑膠的碟子
和刀叉，並且把沙水桌的水槽裝滿水。鼓勵幼兒假裝他們是在餐廳
洗碟子。

10 為每位幼兒準備一籃小熊籌碼和一吋大小的積木。在把籃子分
出去前先跟小朋友們說個簡短的故事：關於一個小熊家庭要到
餐廳去用晚餐的故事。你一邊說故事一邊搭配著使用你所準備的材
料。接著你把為幼兒所準備的材料分給幼兒，看看他們會怎麼用這
些材料來角色扮演玩煮晚餐的故事。

大團體經驗

烹飪

1 用幼兒都熟悉的調子做首跟幼兒當天的烹飪經驗有關的歌。例如：如果幼兒用餅乾和花生醬做了夾心餅，你可鼓勵幼兒回想製作的過程，然後把幼兒的話變成一首歌。例如：用學齡前幼兒都熟悉的歌「花生醬和果醬」的調子來唱或唸：

> 我們先拿了刀子，然後
>
> 我們挖了花生醬，花生醬。
>
> 接著我們拿了塊蘇打餅，
>
> 塗上花生醬，花生醬。

2 請幼兒假裝自己是某種食物而且正在被煮或是在被準備的過程中。用幼兒過去的經驗來開始。例如：那天愛麗絲假裝要做炒蛋，老師請班上的幼兒假裝自己是鍋子裡正被炒的蛋。然後老師鼓勵幼兒建議大家可以一起表演其他的食物經驗。

吃

3 在籃子裡裝餅乾並且用遊戲的方式來把它們分出去。放首音樂〔例如，高瞻音樂動作第八集中的「熱脆餅」（Hot Pretzels）〕，請幼兒圍成一個大圓圈坐著，傳著放有餅乾的籃子。當音樂一停，籃子傳到誰，誰就吃一塊餅乾。注意在遊戲結束時要讓每位幼兒都吃到一塊餅乾。

4 請幼兒假裝一邊嘴裡吃著各式的食物，一邊唱著他們熟悉的歌。例如：當幼兒唱「小星星」時請他們：

- 「假裝嘴裡滿是花生醬」

- 「假裝你有一邊嘴巴滿是葡萄」
- 「假裝你正在嚼口香糖」

請幼兒建議一些大家可以一起嘗試的想法。

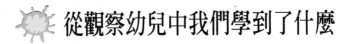
從觀察幼兒中我們學到了什麼

　　在執行了上述的教學策略之後，成人記下他們所觀察到的軼事記錄。我們將在下面的幼兒記錄表中呈現一些記錄的樣本。老師們用高瞻幼兒觀察記錄來協助他們根據發展的架構詮釋幼兒的行為。表中的每一則軼事記錄都伴隨著和其相符的高瞻幼兒觀察記錄項目和層次。

□幼兒觀察

自發性

老師的軼事記錄	高瞻幼兒觀察記錄項目和層次
在計畫時間，泰瑞安用攪拌的塑膠板指著美勞區。然後她離開計畫桌開始在畫架上畫畫。	A.表達選擇：(2)幼兒藉著語言指出，或是用其他的動作表達一個他想要進行的活動或是活動進行的地點。
在工作時間，喬登拿起了起司研磨器，他把起司塊在上面磨了一次，看看底下說：「沒有起司了。」就離開了烹飪桌。	B.解決問題：(2)幼兒辨識問題可是並不嘗試去解決問題，轉而去參與別的活動。
在工作時間，麗雅拿著雜誌上的食物圖片，用剪刀沿著紙邊剪。	C.參與在複雜的遊戲中：(2)幼兒對簡單的使用材料和參與遊戲顯得有興趣。

在工作時間，愛瑪一頁一頁地翻著食物雜誌。她把食物圖片剪下來放成兩堆。然後，她拿出黏膠和圖畫紙並且在圖畫紙中央畫一條線。她把剪下來的食物圖片一堆放在紙的一邊，另一堆放在紙的另一邊。然後她告訴老師說：「這些是我喜歡的，這些是我不喜歡的。」	C.參與複雜的遊戲：(4)幼兒獨自執行複雜和不同順序的遊戲。
在午餐時間，蘇告訴瑪麗達老師她今天不用刷牙，因為爸爸說她不必，而且她也不喜歡牙膏的味道。	D.在課程的流程中表現合作：(2)幼兒有時跟隨課程的流程。

社會關係

老師的軼事記錄	高瞻幼兒觀察記錄項目和層次
在工作時間，安老師請哈維把長柄勺給老師，他說：「我不能，因為它可能很燙。」	E.和成人產生關聯：(2)當熟悉的成人主動與其互動時，幼兒加以回應。
在工作時間，明跟安德列亞花了四十五分鐘安排了一個「晚餐的宴會」。首先，他們到超市「買了點食物」，然後他們把食物加以烹煮，接著他們在桌上鋪上桌布並放上燭台和蠟燭。	F.與其他的幼兒產生關聯：(5)幼兒和其他幼兒一起進行過程複雜的工作。
在午餐時間，當傑若米因為泰瑞安把牛奶弄倒而稱她是小嬰兒時，塔駑卡說：「她不是小嬰兒，只是弄翻東西而已，每個人都會弄倒東西的。」	G.和別的幼兒做朋友：(5)幼兒從朋友那裡接受到社會性的支持，也對這位朋友表現忠誠。

老師的軼事記錄	高瞻幼兒觀察記錄項目和層次
在小組時間，費德瑞克告訴瑪麗達老師：「幫我在明把所有的芝麻種籽用完前拿一些過來。」	H.參與解決社會性問題：(3)幼兒在解決與其他幼兒間的問題時，請求成人的協助。
在小組時間，傑米看明用筷子夾起一個小熊的籌碼，接著他嘗試著做。當他沒辦法用筷子時，他把玩具推到桌下叫著說：「我沒辦法。」	I. 了解和表達感受：(2)幼兒表示或用語言表達感受，但有時是用別人無法接受的辦法。

創造性表徵

老師的軼事記錄	高瞻幼兒觀察記錄項目和層次
在工作時間，黛安娜從積木拼圖中拿了兩塊八角型的積木，把它們疊成三明治的樣子，然後坐在娃娃家桌子那兒假裝吃了一口。	J.製造和建構：(4)幼兒用材料做了個簡單的表徵並且說或是展示它是什麼東西。
在計畫時間，傑米畫了個黃色邊的起司和起司研磨器。圖中的起司研磨器是一個上面有個把手的長方型；長方型上面有一排排的圓圈。傑米說，他的計畫是要去「磨起司」。	K.線畫或是繪畫：(5)幼兒線畫或繪畫時呈現許多細節。
在大團體時間，傑若米唱歌時把聲音假裝成好像有花生醬黏在嘴裡。	L.假裝：(2)幼兒用一個東西代表另一個東西或是用動作或聲音來假裝。
在計畫時間，凱菈帶著筆記本繞著桌子走，說：「你準備好要點你的計畫餐了嗎？」她記下該位	L.假裝：(3)幼兒假裝某人或某物的角色，或是用該假定角色的語言來說話。

幼兒告訴她的內容又走向下一位幼兒。

音樂和動作

老師的軼事記錄	高瞻幼兒觀察記錄項目和層次
在工作時間，麥德森把炒菜鍋裡裝滿了食物，用單手從娃娃家把它拿到積木區，東西都沒有掉出來。	M.展現身體的協調性：(4)幼兒一邊操作一樣物品一邊移動。
在小組時間，大衛把圓型的玉米片穿進毛根的桿子上，穿滿了三根毛根。	N.展現手部的協調性：(4)幼兒很精確地用手操作小物件。
在工作時間，安德列亞一邊聽音樂一邊為她的晚餐宴會烹煮，並跟著音樂的節拍用木湯匙敲著鍋子。	O.依固定節拍模仿動作：(3)幼兒用簡單的動作回應歌曲或樂器的節拍。

語言和讀寫

老師的軼事記錄	高瞻幼兒觀察記錄項目和層次
在計畫時間，當凱菈說：「你準備好要點你的計畫餐了嗎？」亞力斯說：「到積木角。」	Q.了解語言：(3)幼兒對簡單、直接的對話句子做回應。
在工作時間，當塔弩卡吃完餅乾之後，她清理她吃東西的地方好讓下一個幼兒可以使用；她把餅乾蓋起來，把用過的餐巾紙丟掉，把桌子擦乾淨——就像瑪麗達老師建議的一樣。	Q.了解語言：(5)幼兒了解多重或是複雜的指示。

在回想時間，當幼兒假裝成車子在得來速排隊，安德列亞告訴假裝成餐廳員工的人說：「工作時間，我有個晚餐宴會，做了很多好吃的東西，和我的新男朋友一起吃燭光晚餐。」	R.說話：(4)幼兒所使用的語句包括兩個或兩個以上的想法，並描述細節。
當麥可假裝看著菜單要點食物時，他指著H說：「這是H。我要一個漢堡（Hamburger）。」	U.開始閱讀：(2)幼兒可以辨識一些字母或是數字。
當凱菈記下小朋友們所點的計畫餐時，她在本子上寫下：「BLK」、「ART」、「TOY」。	V.開始書寫：(4)幼兒除了自己的名字以外，開始寫一些字或簡短的句子。

邏輯和數學

老師的軼事記錄	高瞻幼兒觀察記錄項目和層次
麥德森把一些小東西倒進了平底鍋，並且稱他們為「午餐」，然後，她在一個盤子裡放了些吸管，並且稱他們為通心麵，又在另一個盤子裡放了些釦子說是「玉米片」。	W.分類：(2)幼兒將相同的東西放在一起。
在工作時間，安德列亞和明正討論著要怎麼為假裝的晚餐宴會做準備時，安德列亞說：「看看我從店裡買到的食物——一些水果、一些蔬菜和一些蛋。」	X.使用「一些」、「全部」和「沒有」的字眼：(5)幼兒能夠區辨一些和全部，並且用這樣的字眼來分類。
在小組時間，麥德森用湯匙挖了點煮熟的南瓜說：「熱烤箱把南瓜皮弄得比以前軟。」	Z.用比較的字眼：(4)幼兒正確地使用比較的字眼。

在工作時間，明把桌子擺設成四人要用餐的樣子：她自己、安德列亞和她們兩人的男朋友們。她為每人提供了一個杯子、盤子和湯匙，她說：「每個人都有三樣東西。」	AA.比較東西的數目：(3)幼兒正確地判斷兩組在五項物品以內是不是含有相同數目的東西。
在小組時間，傑若米跟麥可說：「如果你要從盒子裡把起司拿出來，你要把盒子倒過來然後搖它。」	CC.描述空間關係：幼兒用語言描述物體移動的方向。

成人的訓練活動

這個訓練活動是設計來鼓勵教學團隊檢視他們自己對食物的信念，和這些信念如何影響他們在跟食物有關的經驗上與幼兒的互動。

1. 教學團隊將參與者分組，把下列問題分給每一組，請他們討論他們個人對這種事件的反應，每一組教學團隊將他們對每一題的答案寫在下面的空白處。

情節一：

今天學校的午餐是馬鈴薯泥。當你坐下來時，你發現瑪麗沒有吃，她正專心地用湯匙的柄部在馬鈴薯泥上挖溝，並且看著醬汁順著溝流下來。午餐時間快要結束了，可是她都沒有吃，仍在玩她的食物。

☺你會怎麼做呢？

情節二：

　　萬盛節的隔天，麥德森帶了一袋的萬盛節糖果到學校來。你告訴她把糖果放在她的置物櫃裡等要回家時再拿出來。她照做了，可是在工作時間，你發現麥德森和其他三位小朋友擠在學習區裡吃巧克力棒和棒棒糖。

☺你會怎麼做呢？

情節三：

　　午餐在你的學校裡常常都是亂七八糟的。幼兒隨便坐，和別人交換食物，也從不說請或是謝謝。

☺你會怎麼做呢？

情節四：

　　兩位女孩正假裝要舉行一個晚餐宴會，她們談論著要邀請她們的「男朋友」來參加。她們在桌上舖了桌巾和放置燭臺，然後她們告訴你她們正在喝雞尾酒和葡萄酒。

☺你會怎麼做呢？

2.在團隊成員記下他們的反應和回答之後，請他們用由誰（成人或是幼兒）掌控情況和會發生哪種學習，來檢視和討論他們所建議的行動。

人物扮演

小熊維尼、小豬皮傑和忍者龜

崔和葛林早上都是一起乘車到校的，偶爾在週末裡，他們也會彼此探訪。在一個特別的下雪的週末後，兩人在週一的早晨到達學校，葛林手上拿著由 Raymond Briggs 所畫的故事書《雪人》（*The Snowman*）。他跟瑪麗達老師解釋，他和崔週末時一起看了《雪人》的錄影帶。「它像這本書，可是有音樂，圖片會動。」瑪麗達老師在打招呼時間坐在葛林和崔旁邊，看著他們翻著《雪人》那本書以及比較錄影帶和書的不同。他們的評論包括：「這是他要雪人安靜一點的地方，因為爸爸媽媽在睡覺。」「小孩不能躲到冰庫裡去，因為他們會窒息。」「小心，兔子，摩托車跑得很快，現在它跑得更快了。」「小男孩覺得很傷心，因為雪人不見了。」

　　早晨的戶外時間裡，崔和葛林問瑪麗達老師看她能不能幫他們一起做一個「像書裡一樣的很高的雪人」。兩位男孩和老師一起工作，直到他們做了個很高的雪人為止；然後男孩們走進教室去找他們可以裝飾雪人的東西。他們拿了兩塊積木來當眼睛，一枝奇異筆當鼻子，毛線當頭髮，一片紙條當嘴巴。當完成造雪人之後，葛林退後一步仰頭看著雪人，然後跟瑪麗達老師說：「我希望這個雪人可以跟我一起在天空中飛，像在錄影帶裡的一樣。」

　　「嗨！我是兔子瑞比，」午餐時坐在麥可對面的塔弩卡這樣說，「你是小豬皮傑，蘇是小熊維尼，史蒂芬妮是跳跳虎。」塔弩卡繼續著：「我們要教克里斯多福・羅賓一點禮貌和怎麼跳舞，這樣他才能參加舞會。」蘇聽見塔弩卡所說的就回應說：「舞會，舞會，瑞比，我是不是聽到有人說舞會了呢？」

　　整個午餐時間都聽到塔弩卡不停的用「小熊維尼」裡的人物來稱呼其他的幼兒。午休之後，塔弩卡計畫要在下午的工作

時間裡邀請她的維尼朋友們一起來舉行一個舞會。她到娃娃家把桌子擺好之後，就叫著麥可、蘇，和史蒂芬妮（用小熊維尼中人物的名稱），邀他們到娃娃家的桌子那兒。當他們到達之後，塔弩卡開始指導他們怎麼吃，提醒他們要小口小口的吃，還要說請和謝謝你。當用餐結束之後，她告訴他們：「是學跳舞的時候了。」她從娃娃床上拿了個娃娃來練習舞步。當她唱著「一，二，三」時，麥可跑去拿鼓並且依著她的聲音打拍子。

稍後在戶外時間，塔弩卡把兩個輪胎滾到遊樂場的學習區。她把大塊圓型的拼組玩具塊放在輪胎的中間空隙，並且用拼組玩具的棍子把它們串起來，然後用毯子把棍子包起來。當毯子掉下來，她跑進教室去拿膠帶。當她回來時，她請同伴們幫忙把毯子綁緊在棍子上，「這樣克里斯多福·羅賓的新的大房子就可以有個屋頂了。」他們一邊工作，她一邊向同伴們保證：「別擔心，就算羅賓將來長大了，他還是會跟我們一起玩的。」塔弩卡的爸爸來接她回家時，老師跟他談到他女兒的人物扮演。爸爸解釋，塔弩卡兩週前過生日的時候收到一個小熊維尼的錄影帶，她每天都看好多遍。他說塔弩卡在家裡玩的也跟在學校玩的差不多，他描述她怎麼把角色分配給家人，而且如果他們不叫她瑞比她就會很沮喪。

工作時間在積木區，丹尼爾和維克特一起把紙盒磚塊積木（card-board-brick blocks）在地上排成長長的一條。然後丹尼爾拿了兩塊木頭積木，維克特到美勞區拿了圖畫紙、膠帶、剪刀和麥克筆。然後到他們剛剛排磚塊積木的地方會合，開始把圖畫紙剪成小片的不規則形狀。他們用膠帶把這些不規則的紙片貼在長的木頭積木上。做好這些準備之後，他們請芭芭菈老師到積木區來幫他們「做箭頭和數字」。「你要我幫忙做一些箭

頭和數字嗎？」老師說。「對，」維克特說，「這樣我們才能改變頻道。」芭芭菈老師問他們，他們要哪些數字以及箭頭該朝哪邊呢？「我們要一個 3，」丹尼爾說，「因為這是看錄影帶的數字。」「你的箭頭一個指這邊，一個指那邊，」維克特用手指向相反的方向。「還有，不要忘記做一個快轉的，那是雙箭頭。」他這樣說著。

當箭頭和數字都做完之後，丹尼爾和維克特坐在紙盒磚塊上面對著貯放積木的架子，並且用他們做的「搖控器」朝向積木架並且按上面的數字。他們請芭芭菈老師過來一起看電視，並且告訴她：「妳知道吧！今天是星期六，我們在看卡通。」他們並排坐著，按著他們的搖控器並且對著假的電視螢幕咯咯笑。每次要轉換頻道時他們都會跳起來練身段，揮動著手和腳，假裝踢、揮拳和在地上打滾。在這個假裝的對打中他們並沒有真正地打到對方。他們說他們是「忍者龜」，而他們是在「打擊壞人」。然後他們又坐下來假裝在錄影機裡放進一捲錄影帶。維克特告訴拿著搖控器的丹尼爾說，「按快轉，這樣我們就可以跳過前面的廣告。」

今天早上是誰到學校來了呢？幼兒從人物扮演中學到了什麼？

不論我們贊成與否，大部分的幼兒每週都花很多的時間在看電視和錄影帶。他們常常投入這些電視或錄影帶中的人物的假想世界，並且他們也會在遊戲裡重複這些人物的行為和語言。許多的幼兒會依附於某位他們在書中所看到的角色，而這些他們喜歡的角色也常會在他們的遊戲中出現。如果相同的故事有書也有錄影帶，就更能提高幼兒對某些人物的興趣了。

許多成人都覺得幼兒花太多時間在看電視、錄影帶和電影；他們也懷疑這些節目的內容是不是適合小朋友。所以當幼兒在教室裡表現出對電視或電影中人物的興趣時，有些成人並不加以鼓勵；然而，當幼兒表示對故事書中的幻想人物有興趣時，大部分的成人比較支持這樣的興趣。不論你個人對於電視或是電影的反應是什麼，你需要了解到不論這些幻想人物的來源是什麼（書或是錄影帶），它們都是幼兒很重要的一項興趣。就如同其他幼兒很有興趣的東西一樣，幼兒對於這些人物的幻想也可以成為他們學習的利器。

✛ 仔細地聽幼兒對他們所喜歡的電視、故事或是電影人物的描述，你可以從其中得到關於他們的想法和興趣的重要資訊

支持幼兒對於幻想人物的興趣

　　如果成人能暫時不對幼兒自發性人物扮演的內容下判斷，他們常會驚訝於在這樣遊戲中他們所觀察到的許許多多的學習經驗。下表是成人對個別幼兒遊戲經驗的記錄並且以高瞻的重要經驗項目來加以分類。接於表後的是老師們所發展出支持幼兒和其同伴更深入學習的教學策略。

□幼兒觀察

創造性表澂

- 在工作時間，塔弩卡把桌子擺好之後就叫他的朋友們過來「共享食物」。當他們「吃」的時候，塔弩卡對他們的餐桌禮儀提出評論：「不對，不對，只能小口小口的吃。」「記得要說請和謝謝你。」當他們吃完，她讓每位小朋友輪流和娃娃跳舞，好讓他們學習「怎麼跳舞」。
- 工作時間在積木區，丹尼爾和維克特模仿忍者龜中人物的動作，用他們的手和腳做揮拳和踢的動作，並且在地上打滾。
- 在戶外時間，崔和葛林到教室裡去找可以裝飾雪人的材料。他們拿積木來當眼睛，麥克筆當鼻子，毛線當頭髮和紙條做嘴巴。

語言和讀寫

- 早晨的打招呼時間裡，崔和葛林坐在瑪麗達老師的身邊，他們輪流翻看《雪人》這本書的圖片。

- 維克特向芭芭菈老師解釋怎麼在搖控器上做個快轉的鍵時，他說：「是個雙箭頭。」

自發性和社會關係

- 在午餐時間，蘇聽到塔弩卡稱她自己是兔子瑞比，還說要教克里斯多福‧羅賓餐桌禮儀，這樣他才能去參加舞會。蘇叫著：「舞會，舞會，瑞比，我聽到有人說舞會了嗎？」
- 在戶外時間，製作和裝飾完雪人之後，葛林說：「我希望雪人可以帶我在天空上飛，好像錄影帶裡一樣。」
- 在整個工作時間裡，丹尼爾和維克特都在積木區做假的電視和搖控器。他們做完之後，並排坐著，按著他們的搖控器對著假的電視螢幕咯咯地笑。
- 在打招呼時間裡，葛林講《雪人》的故事給瑪麗達老師聽，葛林說：「小男孩很傷心，因為雪人不見了。」

動作

- 當芭芭菈老師問維克特搖控器上的箭頭要怎麼做時，他把手指向相反的方向說：「妳的箭頭一個要朝這邊，一個要朝那邊。」
- 在戶外時間，塔弩卡把兩個輪胎滾到遊樂場的角落，這樣她就可以「幫克里斯多福‧羅賓蓋個更大的新房子了。」

音樂

- 塔弩卡在給她的朋友們上跳舞課時，唱著：「一，二，三。」
- 麥可和塔弩卡教他們的朋友們要怎麼跳舞時，塔弩卡唱著：「一，二，三。」麥可則跟著塔弩卡的聲音擊鼓。

分類

- 在工作時間，當丹尼爾請芭芭菈老師幫忙做搖控器時，他說：「我們需要一個 3，因為那是看錄影帶的數字。」

- 葛林描述著《雪人》的書和錄影帶之間的不同說：「它像這本書，可是有音樂，而且圖片會動。」

序列

- 和瑪麗達老師在打招呼時間坐在一起看《雪人》的書，崔說：「兔子，小心，摩托車快開過來了，它愈開愈快了。」

數目

- 在工作時間，塔弩卡在桌子擺設了四套餐具，然後請了三位朋友過來共享宴會的食物。
- 在戶外時間，崔和葛林拿了兩塊積木來當雪人的眼睛，一條紙條做嘴巴，和一枝麥克筆當鼻子。

空間

- 在工作時間，丹尼爾和維克特假裝成忍者龜，假裝互踢、揮拳、在地上滾、在彼此身邊跳來跳去，可是並沒有真正做身體上的接觸。

時間

- 一天裡有好幾次塔弩卡會演出小熊維尼錄影帶中的片段：吃飯、教跳舞和為克里斯多福‧羅賓蓋個較大的新房子。
- 在工作時間，維克特正假裝在積木區看電視，他跟芭芭菈老師說：「你知道的，今天是星期六，我們正在看卡通。」

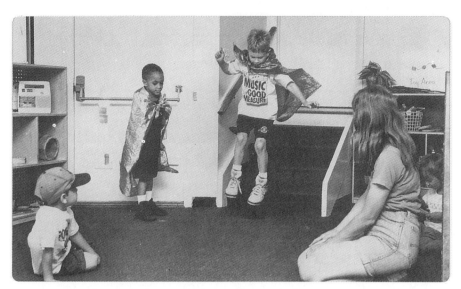

⊞ 在人物扮演中幼兒運用各種不同的能力。在這裡，歐迪和傑姆斯設計了
　一個輪流扮演所喜愛人物的遊戲

一般的教學和互動策略

✔跟家長們詢問關於小朋友在家中觀看錄影帶的資訊，如此你可以
　熟悉幼兒在遊戲中所表現出的興趣。某一個教學團隊請家長們填
　寫一份關於他們小孩所喜歡之娛樂的問卷。問卷的內容包括：簡
　單地摘要一系列主要人物的名稱，和描述哪部分的節目和電影內
　容是幼兒特別喜歡的部分。

✔你需要看一些幼兒喜歡的錄影帶；這樣能讓你更完全地參與教室
　裡跟這些錄影帶有關的扮演活動。

✔藉著以幼兒所假裝的角色來和他們談話以支持對幻想人物的興
　趣。當塔駑卡假裝是小熊維尼裡的兔子瑞比時，老師在她的要求
　下，跟她說話時就以瑞比來稱呼她，例如：（午餐時間）「瑞比，
　請給我一張餐巾紙。」以及（回想時間）「瑞比，今天的工作時

間妳做了什麼呢？」當老師或是其他的小朋友忘了，而用她真正的名字來稱呼她時，塔弩卡立刻就會指正他們：「今天我是瑞比不是塔弩卡。」

✔檢視你自己對於看錄影帶和電視的觀點；當幼兒表示他們對錄影帶或電視內容有興趣時，避免讓你的觀點干擾了你支持幼兒的能力。雖然維克特和丹尼爾的老師——芭芭菈，並不是忍者龜節目或是該節目所傳送訊息的支持者，但是她並沒有因為維克特和丹尼爾的遊戲行為和該節目有關就制止他們的遊戲。

✔如果你覺得幼兒對於電視和錄影帶中暴力的模仿會導致教室內的衝突和破壞時，你可以運用解決問題的程序來解決所興起的衝突。此外，花點力氣教育家長關於將幼兒暴露於這種娛樂節目中的負面影響。並且運用下面的六個步驟來支持幼兒解決衝突。（此六步驟的原始資料和其他的點子請參閱 1995 年 3 ／ 4 月高瞻的《Extensions》月刊，March ／ April 1995。）

✚ 因為人物扮演時太大聲或太粗魯而產生衝突時，在繼續玩之前協助幼兒先將問題想清楚

❏解決衝突的步驟

1. 保持冷靜。你的身體語言能透露出許多你的想法和感受。保持中立才能尊重各方的觀點。

2. 辨識感受。用簡單的語句說出幼兒的感受，比如：「我知道你現在很傷心／生氣／難過。」如此做可以幫助幼兒宣洩他們的感受，讓他們可以清楚地去想想解決的方法。

3. 收集資訊。聽聽各方的觀點，這不僅能讓你了解狀況，也能讓幼兒了解到別人的需要。關於衝突的細節部分常是尋求解決之道的要點，你需要仔細地傾聽。

4. 重述問題。儘可能以幼兒的語言來重述他們的問題，但是對其可能具有傷害性的部分，將其改述。

5. 尋求解決問題的點子並且大家一起選出一個方法。尊重所有幼兒的想法，即使有些想法並不實際。探索每一個點子可能可以如何執行，並且考慮結果。協助幼兒思考一般性解決方法中的細節部分，例如：「他們可以一起用。」

6. 準備給予接續性的支持。有時候幼兒在清楚問題的細節之後仍需要更進一步的支持。

增加室內和戶外的材料

雪和雪人

1 當幼兒帶某些故事書到學校或是表達對某些故事的興趣時，提供相關的書籍以延伸幼兒在這方面的興趣。為了支持崔和葛林

對於比較和述說不同版本雪人的興趣，老師在圖書區增加了一些關於雪和雪人的故事書，看看他們是不是還會繼續地去編、述說，和比較相關的故事。其中一本老師所增加在圖書區的書，由Allan Morgan所著的《山迪和雪人》（Sadie and the Snowman）尤其提供給崔和葛林許多關於佈置雪人的點子，相對的這也運用了不同的方式提供機會讓幼兒去體驗跟雪人融化有關的感受。此外，爲了讓班上其他幼兒了解崔和葛林的討論和關於雪人的角色扮演，老師們找機會將雪人的故事在班上做介紹。

2 如果幼兒在戶外做了真正的雪人，你可以在美勞區增加一些材料讓幼兒可以在室內創作「雪人」。 可能的材料包括： 保麗龍球、不同大小的白紙環、棉花球和白色粉筆。鼓勵幼兒將他們在室內用這些材料所做的雪人跟他們在戶外做的雪人做比較，以及與書和錄影帶中的雪人做比較。

3 在沙水桌的凹槽中裝滿雪，並且鼓勵幼兒比較他們在室內和戶外玩雪的經驗。

4 爲了增加幼兒在比較相同故事以不同版本呈現的興趣，你可以在圖書區放一些相同故事但以不同型式呈現的書。例如：《好餓的毛毛蟲》（The Very Hungry Caterpillar）就有大小不同的版本，另外，Brenda Parkes所著的《誰在小屋子裡》（Who's in the Shed？）也有大小不同版本出品。有些書，特別是幼兒的古典系列，像是《小熊維尼》（Winnie-the-Pooh），就有完整版及濃縮版。如果你知道幼兒在家中觀賞了一些特別的錄影帶（例如小熊維尼系列錄影帶中的一集），你可以在圖書區中增加相對應的故事書。

5 如果幼兒喜歡「看圖說故事」（一邊翻看圖片，一邊用他們自己的話來說故事）或者是你看到他們比較所喜歡的不同版本的故事，你可以幫幼兒在工作時間照一些相片，把它們弄得像本書（參考本章「計畫和回想的經驗」策略2，第240頁），來增加幼兒述說和比較的經驗。請幼兒說出他們在相片中做什麼，然後將他

們所說的寫在這本相片書中。把這本相片書放在圖書區。當幼兒在看的時候鼓勵他們做「過去和現在」的比較。他們現在穿的衣服跟相片裡的衣服有什麼不同呢？他們有沒有比相片中長大了點呢？他們現在是不是想出新的方法來玩照片中的東西了呢？

小熊維尼中的人物

6 　為了鼓勵幼兒回憶他們所喜歡之故事人物的細節，你可以在教室中增加一些跟故事有關的視聽效果材料。例如：為了延伸塔弩卡對小熊維尼中人物的興趣，老師們製作了一些她所喜歡的小熊維尼故事錄音帶，連同故事書一起放在圖書區。當你製作這類故事錄音帶時，你可以運用許多不同的型式。有些可以僅僅只是敘述故事內容，有些你可以偶爾跳脫故事問一個問題或是對書中某頁的內容或圖片做評論，這讓幼兒有機會用他們自己的話來談論故事。

7 　如果你觀察到幼兒扮演書中不同的人物角色，你可以增加一些相關的道具以鼓勵幼兒擴展他們的角色扮演。這些道具可包括坊間所複製的故事中人物娃娃，或是一些類似但較便宜，而幼兒可以用來象徵這些人物的玩具。塔弩卡的老師就在圖書區增加了一些可以代表小熊維尼書中人物的玩偶：一隻熊、一頭驢、一隻豬、一隻兔子和一隻袋鼠。另外，老師還在娃娃家放了個小罐子，在罐子外面貼張標示「HUNNY」（像書中所寫的一樣），還在戶外幼兒最喜歡的樹上綁隻用硬紙板做的貓頭鷹（用護貝紙加以護貝，以應付不同的天氣狀況）。

錄影帶和超級英雄

8 　為了延伸幼兒對電視和錄影機的興趣，你可以在積木區放一些舊的搖控器、空的塑膠錄影帶盒子和舊的錄影帶。

9 　有時候幼兒會像維克特和丹尼爾一樣投入於跟電視和錄影帶相關的角色扮演，這將包括搖控器的使用、快轉按鈕等等。幼兒

對於這些設備的著迷常常是由於他們可以操作和掌控他們的娛樂選項；幼兒知道這些設備可以讓觀眾在他們想看的時間裡看他們想看的節目（例如：按某鍵某個電視節目就會出現，按快轉鍵就可以跳過廣告）。如果你在班上幼兒身上看到這項興趣的發展，你可以用錄音機和錄音帶來提供類似的經驗。此外，還需提供一些舊錄音帶讓幼兒去實驗和掌控錄音機的按鍵，而不需要擔心把錄音帶的內容給洗掉了。

10 增加一些道具和材料讓幼兒可以裝扮成他們所喜歡的電視和錄影帶中的人物。例如：為了能讓丹尼爾和維克特擴展忍者龜的遊戲，老師在娃娃家放了幾套不同色系的運動套裝、圍巾、靴子、頭巾、手套和跆拳道的腰帶，以及其他的材料如：紙捲筒和小塑膠笛等可做超級英雄的配件。

11 如果幼兒像丹尼爾和維克特一樣喜歡假裝踢、揮拳，你可以提供一些能增加其他大肌肉運動的機會。例如：翻滾墊、大型橡皮圈、沙袋和降落傘等材料能夠激發相當大範圍的動作經驗。

✚ 提供那些幼兒所喜歡的故事、電視或是錄影帶中人物有關的材料，可以鼓勵幼兒擴展和增加人物遊戲中的細節

計畫和回想的經驗

1 當你聽到幼兒談論、重述和比較錄影帶或是故事書中的故事時，你可以在計畫和回想的方式中使用幼兒的語言和想法。為了突顯崔和葛林對《雪人》這本書的詮釋和反應，老師把一個雪人道具帶到計畫／回想桌，並且請幼兒讓雪人帶他們飛到他們等一下要工作的地方。那天的回想時間，老師利用了崔和葛林所喜歡的雪人書中的摩托車，建議幼兒「假裝騎著雪人書裡那輛最快的摩托車，很快地騎到你剛剛工作的學習區，然後很快地騎回來告訴我們你剛剛做了哪些工作。」

2 在工作時間用拍立得相機幫幼兒照一些相片以擴展幼兒在「看圖說故事」上的興趣。把這些相片帶到回想桌並且請幼兒跟其他人描述他在相片裡做什麼。隨著幼兒的年齡增長，他們的描述也會有更多的細節，你還可以將此轉變成猜猜看的遊戲——一次請一位幼兒描述其他幼兒的動作，並且請幼兒猜猜他是在描述相片中誰的動作。

小熊維尼中的人物

3 在你作計畫和回想的策略中運用一些與幼兒所喜歡的故事類似的東西。例如：跟小熊維尼相關的計畫或是回想時段，你可以在桌子中央放個小罐子貼上「HUNNY」。在桌上放置一些代表著各學習區的圖卡或是從各學習區拿一些東西過來，並且提供一隻熊娃娃讓作計畫或回想的幼兒使用。（如果可能，可以使用一個真正小熊維尼的複製品。）幼兒用熊把他要去工作（或是剛剛去過）的

學習區圖卡或物品拿起來，放進蜂蜜罐子裡。然後，幼兒假裝自己是小熊維尼向其他的幼兒描述他／她的想法。

4 把幼兒帶到戶外掛著貓頭鷹的那棵樹那兒進行回想時間（請參考本章「增加室內和戶外的材料」的策略 7，第 238 頁）。請幼兒告訴大家一個剛剛發生在工作時間裡的故事。把你剛剛看到幼兒使用過的材料帶過來（比如：水彩筆），這樣幼兒就可以一邊描述一邊做動作。或者可以將維尼熊中的人物玩偶帶到外面來，讓它們跟貓頭鷹說話。

5 請幼兒假裝一個喜歡的人物，而你在教室中看過他們模仿這個人物，並且以他們假裝的這個人物移動到他們要去的區。在塔駕卡的班上，老師請幼兒假裝成小熊維尼裡的瑞比跳到他們要去的學習區。回想時間裡，這組幼兒也用類似的方法。第一個回想的幼兒假裝像瑞比一樣地跳到她剛剛工作的區域，其他的幼兒跟在她的後面跳。整組的幼兒坐在那個區裡聽她回想她剛剛的工作經驗。然後整組幼兒再跟著下一個回想的幼兒跳到他工作的學習區，重複著整個過程。

錄影帶和超級英雄

6 拿張紙貼在一塊積木上當搖控器，用一些小的學習區標示來當做搖控器上的按鍵。請幼兒輪流按著他們要去的區的按鍵，並描述他們的工作計畫或是回想他們的工作經驗。

7 將硬紙板中間鏤空弄得像電視螢幕一樣，中間鏤空處必須比幼兒的臉還大。做一個假的搖控器，上面寫上一些數字做得像是真的選台器一樣。在作計畫或是回想之初給每位幼兒一個代表號碼，請握有搖控器的幼兒選台，被選到的幼兒就是下一個作計畫或是回想的人。作計畫或是回想的幼兒就拿著紙板做的電視螢幕假裝從電視裡說話。

8 讓輪到作計畫或是回想的幼兒穿戴著一項超級英雄的道具（跆拳道腰帶、頭套或是斗蓬）來描述他的計畫或是剛剛的工作經驗。

✠ 一項簡單的道具可以將計畫時間變成幼兒早先在工作時間裡所進行與電視和錄影機相關活動的延伸活動

✠ 精力充沛的超級英雄活動是幼兒表達需要大肌肉活動的一種方式。計畫一個充滿肢體活動的回想時間，可以為幼兒充沛的精力提供另一個紓發的管道

☀ 小組經驗

1 為了增加幼兒一邊翻著喜歡的書一邊說故事的興趣（「看圖說故事」），你可以在小組時間時帶一本跟幼兒所喜歡的書類似主題的書。（在崔和葛林的班上，老師用了本關於雪的書。）和幼兒一起看這本書，並且鼓勵幼兒表演出書中的部分以及加入他們自己講述的部分。當你講完故事，提供材料讓幼兒可以用來創造他們自己的故事（例如：可以增加跟雪有關的材料，參考前面「增加室內和戶外的材料」策略 2，第 237 頁）。然後建議幼兒講述跟他們所畫的圖畫相配合的故事。如果幼兒要求你，你可幫他把其所說的記錄下來（有些幼兒喜歡「寫」和「讀」他們自己的故事，或是覺得畫畫的本身就是一種書寫）。鼓勵幼兒將自己的故事和老師剛剛所講的故事之間做比較。

2 帶幼兒到附近的圖書館，請圖書館員唸一個幼兒所熟悉但跟班上圖書區的版本不同的故事。例如「三隻小豬」（*The Three Little Pigs*）就有許許多多不同的版本。在這次的戶外教學之後，和幼兒再看一次教室內的版本和圖書館的版本。聽聽看幼兒會不會對不同版本提出評論，就像崔和葛林對書和錄影帶版的雪人所提出的比較。

3 為每位幼兒準備一些代表類似項目的貼紙和印章（動物、食物、車子）、印泥，和一本用空白紙張所裁剪成的小本子。請幼兒自創圖片和故事，並且聽聽他們對印章和貼紙之不同點所做的評論。

4 如果你觀察到班上的幼兒像塔弩卡和她的朋友們一樣把書中或是錄影帶中的故事演出來，提供給幼兒機會讓他們用小玩具把熟悉的故事再演一次。用小籃子裝些小的建構積木和類似於小熊維尼中人物的小型動物（或是其他小型的玩具，類似於幼兒所喜歡的書中人物），每位幼兒一份。在分出材料前先講一個簡短的故事，故事的內容是基於你所觀察幼兒的扮演遊戲而來。你一邊說故事，一邊示範著如何運用籃子裡的玩具來表現出該人物的動作和語言。然後分給幼兒每人一份材料，觀察和傾聽幼兒自創的故事。

5 買或是做一些印章（參考第四章的「小組經驗」策略 5，97頁），來代表幼兒所喜歡的故事中人物（例如：小熊維尼）。提供給幼兒紙張、印章和印泥，讓幼兒能創造個人化的故事。另外，你還可以提供麥克筆和蠟筆，讓幼兒可以為他們的印章圖片增加更多的細節。應幼兒的要求幫他們寫下他們所說的故事，並且支持幼兒任何一種在自己的小本子裡「書寫」的形式。（有些幼兒可能認為他們的畫畫就是寫字。）

6 如果班上的幼兒像維克特和丹尼爾一樣曾參與假裝的對打遊戲，你可以將小組帶到戶外空曠的地方讓幼兒可以在地上打滾、假裝踢和揮拳（如果有斜坡可以讓幼兒滾下來將更提高此活動的樂趣）。你可以準備一些道具，如：各種大小的球讓幼兒踢，及拳擊手套讓幼兒可以對空揮拳。你可以如此地介紹這個遊戲：「昨天的工作時間，我看到維克特和丹尼爾假裝成忍者龜。他們移動他們的手臂和腳，可是他們並沒有碰到對方。這兒有一些東西是你們可以用來讓手和腳動一動的。」有些幼兒可能喜歡玩打架的遊戲，有些幼兒則喜歡從斜坡上滾下來或是玩球。

7　跟幼兒講一些有關於權力、掌控和面對恐懼等主題的故事。例如：Mercer Mayer 所著的《我衣櫥裡的惡夢》（*There's a Nightmare in My Closet*）和 Jeanne Willis 的《怪物床》（*The Monster Bed*）。當你在講這類的故事時，要注意幼兒的擔憂以及他們對於書中人物所描述的感受和他們對恐懼解決之道的評論。講完故事之後，讓幼兒玩一些開放式的建構或是美勞遊戲，並且鼓勵幼兒創作一些可以保護他們遠離怪物的東西，或是其他書中所提到造成他們害怕或擔憂的事物。

8　給小組中的每位幼兒一個紙或塑膠的垃圾袋。讓幼兒投入於忍者龜節目中所強調的關於清理環境主題的討論。討論之後，帶幼兒到戶外去做一趟收集垃圾的散步。回來之後，鼓勵幼兒比較他們散步時所收集到的東西。

✠ 在收垃圾之旅中，幼兒模仿他們最喜歡的電視節目人物做清理環境的活動

9 基於幼兒對功夫的興趣，你可以安排一次到附近的跆拳道館或是室內健身遊樂房參觀的戶外活動。

 # 大團體經驗

雪和雪人

1 請幼兒分享自己所喜歡的故事書中的圖片可以用何種方法表演出來，然後模仿這些動作。在崔和葛林的班上，幼兒對《雪人》書中的圖片提出下面的想法：「你轉圈圈的時候，假裝你在騎一輛很快的摩托車。」「穿上斗蓬假裝你在空中飛。」「放音樂，圍個大圈圈，大家一起學雪人跳舞。」「假裝你是個正在融化的雪人。」「假裝你很傷心，因為雪人不見了。」如果幼兒的年齡比較大，能夠了解你的要求，你可以請他們先模仿錄影帶中的動作（帶著聲音和動作），然後像這些人物的雕像一樣的凍結住。

小熊維尼中的人物

2 將班上幼兒重述過的故事錄影帶的音樂錄下來，請幼兒在大團體時間跟著音樂擺動。請幼兒提供他們想要擺動的方式（例如：跳、用筷子敲打不同地方、戴著圍巾）。

3 從熟悉的故事錄影帶中選歌和幼兒一起唱，把歌詞改成幼兒自己的名字或是想法。例如：塔弩卡的老師從小熊維尼的錄影帶中學到了首歌「跳跳虎的長處」（迪斯尼公司有出版錄音帶）。大家一起唱完一遍之後，就把「跳跳虎」的地方改換成小朋友的名字來唱。當誰的名字被唱到，由另一位幼兒講這位幼兒的一項長處，而講話的這位幼兒的名字就成了下一個出現在歌詞中的幼兒名字了。

✤ 幼兒用熊熊玩偶隨著他們喜歡的小熊維尼音樂打著拍子

錄影帶和超級英雄

4 如果班上有幼兒像第五章所提到的歐迪和傑姆斯一樣，準備好要探索具有規則的遊戲時，可以玩一些能提供體驗權力和掌控機會的遊戲。例如：「鴨，鴨，鴨，鵝」的遊戲。你可以將幼兒分成兩組，一組圍成一個小圓圈以減短等待的時間。一位小朋友一邊複誦著一句他所選的話，一邊繞著圓圈拍著每一位小朋友的頭；最後一位被摸到頭的小朋友跳起來追著先前的那位小朋友，直到他坐進了圓圈的空位為止，後來的這位幼兒重複這個唱和拍頭的過程。某些唱唸的歌詞包括：「鴨，鴨，鴨，鵝」；「熱狗，熱狗，熱狗，薯條」；「忍者龜，忍者龜，忍者龜，壞人」。

5 如果幼兒曾動手做和假裝使用搖控器，你可以使用搖控器做為從別的活動銜接到大團體，或是從大團體銜接到別的活動的道具。讓一位幼兒握著搖控器朝著下一位要離開活動的幼兒按一下，被按到的幼兒就來握搖控器朝下一個人按，如此重複直到所有的幼兒都離開為止。

6 如果幼兒曾揮動他們的手腳假裝打架的樣子，你可以玩一些能讓他們運動同樣肌肉的遊戲。讓幼兒一手拿著降落傘或是被單繞著圓圈跑，或者是站直兩手拉著衣服，然後請幼兒拉高和放下衣

服，如此可以大範圍的揮動手臂。

馬可第一次自己綁他的超級英雄頭帶，不需要大人的幫忙

☀ 從觀察幼兒中我們學到了什麼

　　老師們在嘗試了本章所敘述的教學策略之後，他們記下了所觀
察到相當大範圍的幼兒學習經驗。老師們以高瞻的幼兒發展記錄做
為發展的架構來詮釋這些經驗。一些軼事記錄的摘要和高瞻幼兒觀

察記錄中與其對應的項目都呈現在下表中。

□幼兒觀察

自發性

老師的軼事記錄	高瞻幼兒觀察記錄項目和層次
亞當指著錄音機說：「我要把錄音帶放進那裡，這樣我就可以聽到茱麗唱歌了。」	A.表達選擇：(4)幼兒用一句簡短的句子表明他要如何執行計畫。
在小組時間，凱西對茱麗雅說：「我們來玩接球的遊戲，妳把球從山坡上滾下來給我，我再把球滾上去給妳。」	A.表達選擇：(5)幼兒詳細地描述想做的動作。
米卡在工作時間想把錄影帶裝進它的紙盒裡，她用長的這邊塞而不是用短的那邊。試過不成功之後，她就把它丟在地板上。	B.解決問題：(3)幼兒用一個方法去解決問題，在試了一兩次不成功之後就放棄了。
在工作時間，凱西把白色的環挑了出來。她選了三個不同大小的環，把它們貼在圖畫紙上，然後用棉花球把它們蓋住。最後，她用白色粉筆在雪人附近點了很多的白點並且解釋：「他不會融掉，因為還在下雪。」	C.參與在複雜的遊戲中：(3)幼兒獨自用兩個或兩個以上的步驟來使用材料或是統整遊戲。

社會關係	
老師的軼事記錄	高瞻幼兒觀察記錄項目和層次
在午休時間，當其他幼兒都在休息時，露西幫史蒂芬妮老師把紙做的貓頭鷹護貝，並且在上面打洞好讓它可以掛在樹上。然後，她跟老師一起到戶外，把貓頭鷹遞給老師，由老師把它掛在樹上。	E.和成人產生關聯：(5)幼兒和熟悉的成人一起進行複雜的工作。
在大團體時間，蘇把假的搖控器朝向塔弩卡並且說：「我選塔弩卡，因為她是我最好的朋友。」	F.和別的幼兒做朋友：(3)幼兒認定一位同學為朋友。
當塔弩卡叫著：「你要當小豬皮傑，因為我要你當。」麥可走向史蒂芬妮老師說：「妳告訴她，我不要玩。」	H.參與社會問題的解決：(3)幼兒要求成人協助解決與別的幼兒間的問題。
在工作時間，當葛林說他很傷心，因為沙桌的雪開始融化了，崔把手搭著他說：「沒關係，等外面冷一點，我們再一起到外面玩。」	I.了解和表達感受：(5)幼兒適當地回應其他人的感受。

創造性表激	
老師的軼事記錄	高瞻幼兒觀察記錄項目和層次
在小組時間，露西把一團紙用膠帶黏到紙捲筒的上端，然後在捲筒上貼一個綠色圓點和一個紅色圓點。她說，這是要用來「保護她不被晚上的怪物抓走，綠色按	J.製作和建構：(5)幼兒用材料製作或建構至少含三樣代表細節的東西。

鈕是打開它,紅色按鈕是關掉它。」	
拿著印泥和小熊維尼的人物貼紙,愛比把手指按在印泥上,在紙上印出好多的指印。	K.線畫和繪畫:(2)幼兒探索線畫和塗色的材料。
在工作時間,當維克特和丹尼爾在地板上滾的時候,喬登握著一支塑膠管走到積木區,搖著管子說:「我有著神奇的力量。」	L.假裝:(2)幼兒用一個東西來代表另一個東西,並且用動作和聲音來假裝。
在計畫時間,葛林畫了一個長方型,然後在長方型的中間畫了張臉,有眼睛、鼻子和嘴巴。他跟老師說:「這是我在積木區玩電視。」	K.線畫和繪畫:(4)幼兒的線畫和繪畫裡呈現一些細節。

音樂和動作

老師的軼事記錄	高瞻幼兒觀察記錄項目和層次
在小組時間,凱西和茱麗雅在小山丘上玩接球的遊戲,茱麗雅把球滾下來給她,她把球丟回去給茱麗雅。	M.展現身體的協調性:(3)幼兒交替腳走樓梯,不用扶欄杆;丟和接球或沙包。
在小組時間,維克特從山坡上滾下來,在滾一半的路程後再爬上山坡。	M.展現身體的協調性:(5)幼兒參與複雜的動作。
在工作時間,莎菈雅在錄音機裡放了卷故事錄音帶。當她要聽不同的故事時,她換了卷錄音帶。	N.展現手部的協調性:(3)幼兒把東西放在一起以及把東西分開來。
在工作時間,當麥可打鼓以及塔弩卡唱:「一,二,三。」時,蘇用手指打著拍子,雙腳照著他們音樂的節拍一起跳著。	O.依一個固定的節拍模仿動作:(4)幼兒以較複雜的動作回應歌曲或是樂器的節拍。

在工作時間，塔弩卡跟麥可說，輪到他跳舞了，可是他要先把鼓放到旁邊，穿上他宴會的衣服和鞋子才可以。麥可把鼓放到旁邊，頭上戴了頂帽子，穿上一雙高跟鞋。	P. 跟隨音樂和動作的指示：(4)幼兒跟隨口述的指令做較複雜順序的動作。

語言和讀寫

老師的軼事記錄	高瞻幼兒觀察記錄項目和層次
在大團體時間，崔建議大家假裝是「融化的雪人」，凱西說：「好吧！那等一下我們來假裝是飄下來的雪花，我們就可以把雪人再做回來了。」	Q. 了解語言：(4)幼兒參與教室裡平常的對話。
在小組時間，露西做了個「怪物保護器」。當有人問她要怎麼用時，她說：「你先按這個綠按鈕，燈就會亮，然後怪物就會害怕跑掉。」	R. 說話：(4)幼兒所使用的語句包括兩個或兩個以上的想法，並描述細節。
在計畫時間，泰瑞安是第一個提到貼在罐子外面的字「HUNNY POT」的人。她說：「這些字要怎麼唸？」	S. 對閱讀活動展現興趣：(3)幼兒請別人讀故事、標示或字條。
在工作時間，米可從小熊維尼身上穿的衣服抄下「P-o-o-h」，然後她把這些字貼到她從家中帶來的小熊身上。	V. 開始書寫：(3)幼兒臨摹或是書寫出一些可以辨識的字，也可能包括他自己的名字。

邏輯和數學

老師的軼事記錄	高瞻幼兒觀察記錄項目和層次
在小組時間，雪彼把他籃子裡所有的貼紙都貼在紙的右邊，把印章都蓋在左邊。	W.分類：(3)分類中，幼兒用某些方式將同類的東西放在一起，將不同的東西分開來。
早晨的打招呼時間，在比較兩個大小不同的《誰在小屋子裡》這本書時，派翠克說，「這隻熊比較可怕，因為它比較大。」	Z.用比較的字眼：(4)幼兒正確地使用比較的字眼。
在回想時間，克麗斯塔對著掛在樹上的貓頭鷹回想她的工作經驗之後，她指出，組裡有七位小朋友，只有五位已經分享過他們的工作經驗了。	AA.比較物品的數目：(5)幼兒正確地比較超過五件物品的組群大小。
在玩忍者龜的遊戲時，維克特擦撞到丹尼爾的肩膀，丹尼爾叫著：「下次不要站得這麼靠近。」	CC.描述空間的關係：(3)幼兒用語言來描述物體的相對位置。
在小組時間，崔對葛林說：「我滾最快，因為我先爬上山坡，然後把我的手放在夾克下面，所以我可以滾得很快。」（崔和葛林在山坡上比賽誰先滾下來。）	DD.描述順序和時間：(3)幼兒以正確的順序描述或呈現一系列的事件。

 # 成人的訓練活動

　　這個訓練活動是設計用來鼓勵教學團隊探索他們對於幼兒模仿那些電視或是電影節目中的人物動作有些什麼樣的反應。

◆請每一個教學團隊中成員以兩位或小組的方式一起工作。分發包含下面三種情況的討論問題。教學團隊討論他們對於每種情況所可能運用的策略，並且將其記錄在每種情況下面的空白處。團隊在考慮每一種情況時都需要將下面三個要點包含在討論中：

・你可能增加在教室內的特殊材料。

・你可以參加幼兒的遊戲卻又不改變幼兒原來想法的方法。

・從高瞻的重要經驗或是高瞻幼兒觀察記錄的觀點來看遊戲之所以有價值的理由。

　　情況一：

　　　　連著兩星期，亞當和克里斯多福在每天的計畫時間都做著相同的計畫——要玩蝙蝠俠和羅賓。雖然你問他們當蝙蝠俠和羅賓要做什麼事，他們也沒有提供更進一步的細節。每天他們一開始玩，他們就會拿圍巾來請你幫他們綁在脖子上。然後他們就會花上五至十分鐘從教室的一端跑到另一端，如此來來回回地跑著。之後，你注意到他們常常會到其他的學習區開始工作，但他們仍然戴著圍巾（他們說是斗蓬），並且繼續稱他們自己是蝙蝠俠和羅賓。

情況二：

　　每天早上丹尼爾和維克特都會從家中帶一些動作派的玩具人物到學校來。你要求他們只在打招呼時間玩這些玩具，計畫時間一開始就要放回他們的置物櫃裡。因為他們經常和別人分享他們的人物玩具，這在幼兒中間也引起了很多的話題，你覺得這樣的方式還不錯。有一陣子幼兒也都滿遵守你所定的規則，但是最近你注意到幼兒想把這些人物玩具包含在他們的工作計畫裡。雖然你過去所訂的——要把它們放在置物櫃中的規定仍繼續在施行，但是工作時間時你常發現幼兒擠在置物櫃旁玩這些動作派的人物玩具。

情況三：

　　這星期中每一次在收拾玩具時間裡至少會發生一次下面的事件：唐納德咆哮地跑過去把傑珮菈撞倒在地板上。每一次發生，傑珮菈就哭著要求成人的協助。唐納德總是解釋著他是「美女與野獸」裡的「壞人」，所以他必須要把她撞倒。

◉索引

索引

九劃

十劃

永然法律事務所聲明啟事

　　本法律事務所受心理出版社之委任爲常年法律顧問，就其所出版之系列著作物，代表聲明均係受合法權益之保障，他人若未經該出版社之同意，逕以不法行爲侵害著作權者，本所當依法追究，俾維護其權益，特此聲明。

永然法律事務所

李永然律師

High/Scope 高瞻課程 3

理想的教學點子II：以幼兒興趣為中心作計畫

原　作　者：Michelle Graves
校閱主編：楊淑朱
譯　　　者：楊世華
執行編輯：陳文玲
執行主編：張毓如
總　編　輯：吳道愉
發　行　人：邱維城
出　版　者：心理出版社股份有限公司
社　　　址：台北市和平東路二段 163 號 4 樓
總　　　機：(02) 27069505
傳　　　真：(02) 23254014
郵　　　撥：19293172
　E-mail：psychoco@ms15.hinet.net
網　　　址：www.psy.com.tw
駐美代表：Lisa Wu
　　　Tel：973 546-5845　　Fax：973 546-7651
法律顧問：李永然
登　記　證：局版北市業字第 1372 號
電腦排版：臻圓打字印刷有限公司
印　刷　者：玖進印刷有限公司
初版一刷：2000 年 11 月
初版二刷：2001 年 5 月

國家圖書館出版品預行編目資料

理想的教學點子II：以幼兒興趣為中心作計畫
/ Michelle Graves 著；楊世華譯. ── 初版. ──
臺北市：心理, 2000（民 89）
　面；　　公分. ──（High/scope 高瞻課程系列；3）
譯自：The teacher's IDEA book 2：planning around
children's interests
ISBN 957-702-406-8（平裝）

1.學前教育──教學法

523.23　　　　　　　　　　　　　　　　89015803

讀者意見回函卡

No. _____　　　　　　　　　　　填寫日期：　年　月　日

感謝您購買本公司出版品。為提升我們的服務品質，請惠填以下資料寄回本社【或傳眞(02)2325-4014】提供我們出書、修訂及辦活動之參考。您將不定期收到本公司最新出版及活動訊息。謝謝您！

姓名：_____　　性別：1□男 2□女

職業：1□敎師 2□學生 3□上班族 4□家庭主婦 5□自由業 6□其他_____

學歷：1□博士 2□碩士 3□大學 4□專科 5□高中 6□國中 7□國中以下

服務單位：_____　部門：_____　職稱：_____

服務地址：_____　電話：_____　傳眞：____

住家地址：_____　電話：_____　傳眞：____

電子郵件地址：_____

書名：_____

一、您認為本書的優點：（可複選）

　❶□內容　❷□文筆　❸□校對❹□編排❺□封面　❻□其他_____

二、您認為本書需再加強的地方：（可複選）

　❶□內容　❷□文筆　❸□校對❹□編排　❺□封面　❻□其他_____

三、您購買本書的消息來源：（請單選）

　❶□本公司　❷□逛書局➪_____書局　❸□老師或親友介紹

　❹□書展➪____書展　❺□心理心雜誌　❻□書評　❼□其他_____

四、您希望我們舉辦何種活動：（可複選）

　❶□作者演講❷□研習會❸□研討會❹□書展❺□其他_____

五、您購買本書的原因：（可複選）

　❶□對主題感興趣　❷□上課教材➪課程名稱_____

　❸□舉辦活動　❹□其他_____　　　　（請翻頁繼續）

廣　告　回　信
台灣北區郵政管理局登記證
北 台 字 第 8133 號
（免貼郵票）

 心理出版社 股份有限公司

台北市 106 和平東路二段 163 號 4 樓

TEL:(02)2706-9505
FAX:(02)2325-4014
EMAIL:psychoco@ms15.hinet.net

沿線對折訂好後寄回

六、您希望我們多出版何種類型的書籍
　　❶□心理❷□輔導❸□教育❹□社工❺□測驗❻□其他

七、如果您是老師，是否有撰寫教科書的計劃：□有□無
　　書名/課程：＿＿＿＿＿＿＿＿＿＿＿＿＿＿＿＿＿＿＿

八、您教授/修習的課程：

上學期：＿＿＿＿＿＿＿＿＿＿＿＿＿＿＿＿＿＿＿

下學期：＿＿＿＿＿＿＿＿＿＿＿＿＿＿＿＿＿＿＿

進修班：＿＿＿＿＿＿＿＿＿＿＿＿＿＿＿＿＿＿＿

暑　假：＿＿＿＿＿＿＿＿＿＿＿＿＿＿＿＿＿＿＿

寒　假：＿＿＿＿＿＿＿＿＿＿＿＿＿＿＿＿＿＿＿

學分班：＿＿＿＿＿＿＿＿＿＿＿＿＿＿＿＿＿＿＿

九、您的其他意見

＿＿＿＿＿＿＿＿＿＿＿＿＿＿＿＿＿＿＿＿＿＿＿＿＿

謝謝您的指教！

53003